계시
Showings

기독교 영성 선집
계시 Showings

발행일 2019년 3월 1일 발행
발행인 김재현
저자 노르위치의 줄리안
번역 김재현·전경미
편집 한미영, 이효원
표지디자인 박송화
펴낸곳 키아츠(KIATS)
등록번호 제 300-2004-211호
주소 서울 용산구 원효로214-2 청운빌딩 3층
전화 02-766-2019
팩스 0505-116-2019
E-mail kiats2019@gmail.com
Web www.kiats.org
ISBN 979-11-6037-112-3(02230)

* 본 출판물의 저작권은 키아츠(KIATS)에 있습니다.
* 사전동의 없이 무단으로 복사 또는 전재하여 사용할 수 없습니다.

* 이 도서의 국립중앙도서관 출판예정도서목록(CIP)은 서지정보유통지원시스템 홈페이지(http://seoji.nl.go.kr)와 국가자료종합목록시스템(http://www.nl.go.kr/kolisnet)에서 이용하실 수 있습니다. (CIP제어번호 : CIP2018022488)

계시
Showings

중세 후기 영국의 대표적인
여성 은둔 수도자가 전한
사랑과 긍정에 대한 **하나님의 메시지**

노르위치의 줄리안
1342–1416

김재현·전경미 번역

글의 순서

서론 • 7

짧은 본문 • 20

긴 본문 • 133

참고문헌 • 150

노르위치의 줄리안Julian of Norwich과 《계시》Showings

김재현·전경미

줄리안은 누구인가?

영국의 여성 은둔 수도자인 줄리안은 중세 후기 유럽의 대표적인 기독교 영성가 중의 한 명이다. 그녀의 원래 이름과 성장 과정에 대한 정확한 자료는 남아 있지 않다. 다만 줄리안이 대략 1342~1416년 사이에 생존했을 것으로 추정한다. 그녀가 당시 영국 노르위치Norwich 성 줄리안 교회St. Julian's Church에 속해 있었기 때문에 그 교회의 이름을 따서 그녀를 노르위치의 줄리안이라 부른다.

은수자라고 불리는 은둔 수도자란 특정 수도회에 소

속되지 않은 채 하나님께 자신을 봉헌하는 삶을 사는 사람을 가리킨다. 이들은 보통 외부와 단절된 공간 안에서 기도와 말씀에 대한 명상을 수행했다. 개인 은둔 수도자의 경우 마을이나 교회 또는 외진 곳에서 수행하기도 했고, 수도회 등에 속해 있으면서 봉쇄적이지만 공동체적인 삶을 살았던 수도자들도 있었다.

줄리안의 경우 성 줄리안 교회에 딸린 작은 방에 머물면서 외부와 단절된 삶을 살았다. 그녀는 교회가 제공하는 영적이고 물질적인 보살핌에 의존해 종교적인 생활을 유지했다. 은둔자들과 봉쇄수도회에 소속된 사람들이 흔히 그러했던 것처럼, 줄리안은 자신이 살던 공간 중에서 외부와 유일하게 소통할 수 있는 창구인 작은 창문을 통해 순례자들과 영적인 대화와 기도의 시간을 가졌다. 당대 은둔 수도자들이 살았음직한 모습들을 그려 내는 것 외에, 줄리안이 어떻게 영적인 생활을 시작했는지, 결혼은 했는지, 어떻게 살다 죽었는지에 대해 우리가 알고 있는 자료는 거의 없다.

《계시》

줄리안은 자기 자신의 강렬한 영적인 체험과 명상을 담은 책인 《계시》[Showings 또는 Revelations]를 남겼다. 그녀의 《계시》는 '짧은 본문'Short Text과 '긴 본문'Long Text 두 개로 전해져 왔다. 짧은 본문은 아마 줄리안이 계시를 체험한 지 얼마 되지 않은 시점에 기록된 것으로 보인다. 여기서 그녀는 죽을 고비를 넘기면서 자신이 보고 체험한 계시를 묵상하여 생생하게 묘사한 것을 25개의 장에 담고 있다.

짧은 본문에서 줄리안은 자기 개인에 대한 정보를 드러내 주었다. 그녀가 받은 계시는 1373년 5월 13일에 시작되었다. 이때는 그녀의 나이 서른 살 반이 되었을 때인데, 거의 죽음에 이를 정도로 7일간이나 병을 앓고 나서 치유된 어느 순간이었다. 이 사건에서 시작해 줄리안은 16개의 계시를 25장에 걸쳐 설명해 가면서 하나님의 사랑을 기록하고 명상했다.

나중에 줄리안은 '긴 본문' 첫 장에서 이 16개의 계시를 요약해서 정리해 주었다. '긴 본문'은 총 86장으로 되어 있다. '짧은 본문'이 계시가 일어났던 실제 정

서론 • 9

황들에 대한 묘사나 자기 개인에 대한 언급을 간간이 담고 있는 것에 비해, '긴 본문'은 보다 깊은 신학적인 성찰과 명상을 담고 있다. 그녀가 말한 것처럼, '긴 본문'은 처음 계시를 받은 때부터 20년이 지난 다음에 기록된 것으로, 줄리안의 한층 성숙하고 심도 깊은 명상을 반영하고 있다.

줄리안의 이 글은 당대 중세 여성들에게서 흔하지 않았던 상당한 정도의 필력, 영어에 대한 어휘 사용의 수준, 그리고 그 속에 녹아져 있는 신학적 사고를 보여 준다. 또한 그녀가 상당한 정도의 교육을 받았음을 예시해 준다.

줄리안은 이러한 계시들을 체험한 이후 자신의 삶을 은둔 수도자로 봉헌했던 것 같다. 은둔 수도자의 삶은 인간적으로는 세상과 차단된 삶을 의미했지만, 줄리안에게는 기도와 명상, 독서와 하나님과의 영적인 대화, 자신이 체험한 계시에 대하여 묵상하고 성찰할 더 많은 시간과 공간을 갖게 해주었다. 물론 은둔 수도자로서 삶을 살기 전에도 줄리안은 열성과 열심으로 살았을 것이다. 자신이 하나님의 계시를 체험하기 전부터 하나님에게 세 가지 은총을 간절히 구할 정도였기 때문이다. 일반인으로서 그리스도의 수난을 생생하게 명상할 수 있는 은총, 죽음에까지 이르는 질병을 겪는 은총, 그리고 세 가지 상처의 은총, 곧 통회의 상처, 연민의 상처, 하나님을 향한 열망의 상처를 지니는 은총을 구한 것은 보통 일이 아니었다.

줄리안의 글에 종종 나타나는 '동료 그리스도인들' fellow Christians은 사실 모든 평범한 그리스도인들을 지칭한다. 이는 줄리안이 하나님 앞에서 평등한 모든 그리스도인들을 대상으로 하나님의 보편적 메시지를 전하고 있다는 것을 뜻한다.

이러한 동료 그리스도인들에게 전하는 줄리안의 핵심 메시지는 인간을 향한 하나님의 완전한 돌보심이라는 사랑과 그런 하나님의 사랑을 향해 인간이 스스로 할 수 있는 차원을 넘어서는 긍정에 대한 강조이다. 이러한 하나님의 사랑은 필연적으로 하나님이 우리를 완전하게 돌보신다는 것과 우리의 삶에 직접적으로 영향을 미치는 능력을 갖고 계신다는 점을 보여 준다. 바로 이런 하나님의 사랑을 통해 하나님과 우리는 전인격적 신뢰 관계를 맺게 되는 것이다. 그래서 하나님은 지속적으로 "모든 것이 잘될 것이다."All will be well라는 확신을 일종의 계시로서 우리에게 보여 주신다. 그리고 개인과 공동체적인 어려움 속에서도 그러한 하나님에 대한 신뢰를 견고하게 유지할 것을 우리에게 알려 주신다.

하나님의 사랑과 인간의 신뢰에 대한 강조와 함께 줄리안은 인간의 삶에 만연한 죄와 고통을 끝없이 강조하고 있다. 인간의 삶에는 죄와 악이라는 무서운 현실이 존재하고, 그 앞에서 겪는 인간의 비참함은 말로 표현할 수 없다. 그런데 역설적으로 죄와 악의 무서운 현실과 이로 인한 인간의 비참함에도 불구하고, 죄는 본질적인 실체를 가지고 있지 않다. 그래서 죄는 '아무 것도 아닌 것'no-thing이 되는 것이다. 줄리안에게 죄란 그 자체가 파악될 수 있는 무엇이 아니고, 영적으로 눈이 머는 것이나 온갖 종류의 고통과 비참함같이 죄가 야기하는 부정적인 결과를 뜻한다. 그래서 죄의 본질은 실재하는 것이 아니라 치유받아야 할 증상들에 불과하다.(*중세시대에는 죄가 선의 부재이기 때문에 본질상 실재하지 않는다는 이해를 갖기도 했다.) 그리고 치유받아야 할 증상들의 중심에는 하나님의 사랑에 대한 무지, 즉 하나님의 사랑을 깨닫지 못하기 때문에 인간이 겪는 억눌림과 두려움이 있다. 그래서 우리가 하나님의 사랑에 대한 신뢰와 자신감을 찾는다면 우리는 다시금 하나님의 사랑 안에서 살 수 있을 것이다.

명상적인 독법

에크하르트Meister Eckhardt의 경우와 같이 중세 신비주의가 꽃핀 14세기뿐만 아니라 오늘날까지도 하나님에 대한 신비주의적인 영적 체험과 묵상은 기독교 신앙의 본질 중의 하나이다. 우리는 신비적이고 영적인 체험을 통해 하나님의 존재 자체와 인간 가운데서의 그분의 현존을 느낀다. 그리고 인간과 하나님 사이의 깊은 이해와 일치를 추구하고 갈망한다. 이러한 신비적인 소통과 일치에 대한 추구는 감성적이거나 명상적인 차원에서만 이루어지는 것이 아니고 때로는 이성적인 작용을 통해서도 이루어진다.

줄리안은 자신이 보고 체험한 하나님의 사랑과 신적인 계시를 종종 이성적 사유와 성찰을 통해 접근한다. 여성 작품이라는 그 당시로서는 특수한 면을 조심스러워하는 측면도 있었지만, 줄리안은 자신의 글이 성경과 교회의 보편적 가르침에 기초하고 있다는 점을 지속적으로 강조했다. 그리스도와 관련된 계시를 묘사하는 과정에서도 줄리안은 지속적으로 하나님과 그리스도에게 묻고 동의하면서, 그 계시가 갖는 깊은 의미에 도달하기 위해 애쓰는 모습을 보여주었다. 주도권을 갖고 우선해서 주시는 하나님의 계시와 현시는 '인간에게 부여되는' 은총이지만, 의미를 파악하고 내면화시키려는 인간 줄리안의 노력은 인간의 노력과 열망을 동시에 잘 보여 준다.

중세 중반 예수의 어머니 마리아에 대한 강조, 시스터시안(베네딕트의 근본 정신으로 돌아갈 것을 강조한 12세기 수도원운동)의 등장, 여성 신비주의자들의 등장은 기독교의 사랑의 가치를 다시금 강조하게 만들었다. 줄리안의 글은 하나님의 사랑과 수도자의 영성 속에 깃든 비전과 계시의 힘을 보게 한다. 사랑의 하나님에 대한 강렬한 집중과 사랑 자체이신 그분에게 가는 길에 대한 심도 있는 명상은 하나님의 현존에 대해 깊이 이해하도록 도와준다. 특히 이 글은 이 세상에 내재하시는 하나님과 우리에게 가장 가깝게 다가와 계시는 어머니 하나님이신 그리스도에 대한 명상과 이해를 고양시킨다. '엄마 하나님'은 우리를 껴안고, 눈물 흘리면서, 하나님의 가슴팍 사랑을 인간이 느끼게 해준다. 우리가 하나님에게서 느끼는 이러한 사랑의 이야기가 구구절절이 줄리안의 글에 나타난다.

특별히 이러한 어머니 하나님으로서의 사랑과 애절함은 '긴 본문'에서 몇 장을 뽑아 번역한 뒷부분에 잘 드러난다. 어머니 하나님에 대한 체험과 묵상, 그리고 설명은 성경뿐만 아니라 초대 교부들과 중세 신학자들의 글에서 종종 드러난다. 그러나 여성인 줄리안의 글에서 이런 측면은 세련된 신학적 명상과 함께 한층 더 설득력 있게 등장하고 있다.

그러면 이러한 은둔 수도자의 삶은 봉쇄된 수도원 공간 밖 삶의 현장에는 어떠한 영향을 미치는가 물을 수 있다. 아무리 은둔 생활을 하더라도 인간은 세상의 현실을 떠날 수 없는 것이며, 은밀하게 존재하시는 하나님은 항상 세상의 번잡함 한가운데서 활동하시기 때문이다. 당대 영국은 1337년 시작된 프랑스와의 100년 전쟁으로 길고 어려운 터널을 지나고 있었다. 전쟁으로 인한 피폐함은 흑사병의 위협도 맞닥뜨려야 했다. 노르위치에서 흑사병의 위력은 죽은 사람들의 장례식을 치러 줄 성직자들이 부족할 정도로 대단했다. 전쟁과 질병으로 급작스럽게 죽음을 맞이한 자신의 가족과 친척들이 임종 의식도 거치지 않고 지옥을 맞닥뜨릴 수도 있다는 생각이 살아남은 자들을 슬프게 하기도 했다. 저물어 가는 교황과 교회 권력에 맞서 등장한 존 위클리프John Wycliffe의 활동은 한편으로 많은 사람들을 종교적 방황에 빠지게 만들었다.

바로 이러한 삶의 정황이 줄리안이 반복적으로 강조한 하나님의 무한한 사랑과 무한대의 긍정을 필요로 했다. "모든 것이 잘될 것이다."라는 반복적인 보증과 확신은 당대 일반인들이 시대와 삶을 이겨 나가는 유일한 도구요 수단이었다. 오늘날에도 경쟁으로 내모는 사회 속에서 지친 이들에게 반복적으로 들려오는 하나님의 위로와 사랑에 대한 줄리안의 확언이 절실히 필요하다. 현대의 물질주의와 성공주의에서 벗어나 영적 세계의 진실을 깊이 묵상한다면 더욱 큰 유익을 얻을 것이다.

작업 판본

줄리안이 14세기 중세 영어로 남긴 《계시》의 사본으로는 당대 쓰여진 여러 이본異本들이 아직까지 남아 있다. 우리가 여기서 전체를 번역한 '짧은 본문' Short Text은 대영박물관이 소장하고 있는 앰허스트 사본(A-MS, Amherst Manuscript) 안에 있는 자료가 유일하다. 줄리안의 현존하는 자료 중 가장 오래된 이 자료는 약 1413~1435년 사이에 영국에서 필사된 것으로 보인다. 흥미롭게도 '짧은 본문' 제1장 서두에 나오는 어느 필사자가 남긴 도입부는 필사 작업을 하던 1413년에도 줄리안이 여전히 살아 있음을 전하고 있다. '긴 본문'Long Text을 담고 있는 가장 중요한 사본 중의 하나는 파리 사본(P-MS, Paris Manuscript)이다. 16세기 말에서 17세기 중반에 필사된 이 사본은 현재 프랑스의 파리 국립도서관에 소장되어 있다. 1978년에 기존의 자료를 토대로 종합적인 비평본을 폴리스트 출판사Paulist Press에서 새롭게 출간했다.

이 한국어 번역본은 20세기 들어 진행된 여러 연구 결과를 바탕으로 만들어졌다. 이 편집본은 '짧은 본문'

전체와 '긴 본문' 일부로 이루어졌다. '짧은 본문'은 '긴 본문'에 비해 비교적 세련되지 못하고 풋풋하다는 인상을 주지만, 계시를 처음 받은 후에 쓰여진 것이라는 장점이 있다. 그래서 줄리안 자신이 느낀 원래의 감정과 묵상을 가감 없이 그대로 보여 줄 수 있는 것이다. '어머니 하나님' 같은 사랑 개념이 들어 있는 몇 개의 장은, 신학적으로 더 깊은 묵상이 들어 있는 '긴 본문'에서 보완한 것이다.

All will be well

계시 Showings

'짧은 본문' Short Text

제1장

여기 한 경건한 여인에게 하나님의 선함으로 말미암아 보여진 계시vision가 있다. 그녀의 이름은 줄리안Julian이며 그녀는 노르위치Norwich에 있는 은둔자로서 주후 1413년인 지금도 살아 있다. 그녀가 받은 계시 안에는 그리스도의 연인이 되기를 바라는 모든 이들을 위한 매우 감동적인 수많은 위로의 말들이 있다.

나는 하나님의 선물로서 세 가지 은총을 열망했다. 첫째는 그리스도의 수난에 대한 명상을 하는 것이었다. 둘째는 육체적 병이었고, 그리고 셋째는 하나님의 선물로서 세 개의 상처를 갖는 것이었다.

첫 번째 것은 헌신적인 신앙과 함께 내 마음에 다가왔다. 나는 이미 그리스도의 수난에 대하여 깊은 감동을 얻은 것 같았으나, 여전히 하나님의 은총으로 더 많이 얻기를 열망했다. 나 자신의 눈으로 나를 위해 고통을 당하신 우리 주님의 수난을 보고 싶었고, 주님을 사랑하는 사람들이 그랬던 것처럼 나도 그분과 함께 고통 당하기 위해서 막달라 마리아와 그리스도의 연인들이었던 다른 이들과 함께 그 당시로 가 있기를 바랐다.

물론 나는, 거룩한 교회가 보여 주고 가르친 바대로, 또한 십자가에 못 박힌 그리스도에 대한 성화들이 나타내는 바대로, 그리스도의 모든 고통을 확실하게 믿고 있었다. 그런 성화들은 거룩한 교회의 가르침을 따라 하나님의 은총에 의해, 인간이 이해할 수 있는 한 최대한 그리스도의 수난을 닮기 위해 만들어진 것이다.

그러나, 나의 모든 참된 믿음에도 불구하고, 나는 [그리스도의] 육체 그대로가 드러나는 현시를 볼 수 있기를, 그것을 통해 우리 주님이신 구세주의 육체적인 고통에 대하여, 그리고 동정녀 마리아와 그 당시 그분의 고통을 보았던 그의 참된 연인들에 대하여 좀더 많은 지식을 갖게 되기를 갈망했다. 그럼으로써 나는 그들 가운데 있던 한 사람 같이 될 수 있으며, 그리고 그들과 함께 고통을 당할 수 있을 것이기 때문이다.

나는, 나의 영혼이 육체로부터 분리될 때까지는, 다른 어떤 식으로 주님을 보는 것이나 계시를 바라지 않았다. 왜냐하면 내가 진정으로 구원받을 것을 믿었기 때문이다. 나는 오로지 그 계시로 인해서 그리스도의 수난에 대해 더 참된 명상을 하고자 했다.

두 번째 은총으로 말하자면, 내가 구하지 않았던 것인데 하나님이 거저 주신 선물인 통회와 함께 내 마음에 왔다. 그것은 내 육체에 하나님의 선물로서 병을 얻고자 하는 내 의지의 열망이었다. 나는 병이 몹시 깊어져서 임종의 지경에 달한 듯 여겨지기를 또한 바랐다. 그리하여 나 스스로 내가 죽어 간다고 믿고, 또한 나를 보는 모든 이들도 그렇게 생각하는 가운데 거룩한 교회가 내게 부어 줄 모든 의식들을 받을 수 있기를 원했던 것이다. 왜냐하면 나는 인간이나 지상의 삶으로부터 위로 받기를 원하지 않았기 때문이다.

이러한 병 중에 나는 육체적이고 영적인 모든 종류의 고통을 맛보기 원했으니, 내가 만약 죽어 간다면 나는 모든 두려움과 악마로부터의 공격, 그리고 영혼이 떠나는 것을 제외한 모든 종류의 고통을 경험할 것이다. 나의 하나님과 곧 함께 있기를 갈망했기 때문에, 내가 죽더라도 이러한 것이 나에게 유익이 되길 바란 것이다.

그리스도의 수난과 나의 병에 관해서는, 이 두 가지 모두 일상적인 간구가 아니라고 여겼기에, 나는 하나의 조건으로 갈망하며 이렇게 말했다.

"주님, 당신은 제가 원하는 것을 아십니다. 만약 그것이 당신의 뜻이라면 제게 허락해 주십시오. 만약 그것이 당신의 뜻이 아니라면, 자비로운 주님이여, 노여워하지 마십시오. 왜냐하면 나는 당신께서 원하시지 않는 것은 아무것도 원하지 않기 때문입니다."

내가 젊었을 때, 즉 내가 서른 살이었을 때 나는 그러한 병 얻기를 열망했다.

세 번째의 소망에 관해 말하자면, 나는 거룩한 교회에 속한 어떤 사람이 성녀 세실리아(Cecilia)에 관해 이야기하는 것을 들었다. 그의 설명을 통해 그녀가 목에 칼로 인한 상처 세 개를 받았고 그것을 통해 죽음을 맞게 되었음을 나는 알게 되었다. 이것에 감동을 받아 나는 커다란 열망을 품게 되었고, 그리하여 우리 주 하

하나님께서 세 개의 상처 즉, 통회의 상처, 연민의 상처, 그리고 나의 의지로써 하나님을 향하는 열망의 상처를 내 삶의 여정 속에 부여해 주시기를 기도했다. 내가 위에서 구했던 두 가지의 갈망은 조건을 걸고 요청했다면, 이 세 번째 것은 아무런 조건 없이 요청했다. 내가 처음에 언급했던 두 가지의 열망들은 내 마음에서 사라졌으나, 세 번째 것은 계속 마음에 남아 있었다.

제2장

내가 서른 살이 되고 반 년이 지나갔을 때, 하나님께서는 내게 사흘 밤낮을 누워 지내야 하는 육체의 병을 주셨다. 그리고 나흘 째 되는 밤에 나는 거룩한 교회의 모든 의식들(병자 성사)을 받았고, 다음 날까지 살리라는 기대를 하지 않았다. 그러나 이런 일 후에, 나는 이틀 낮과 밤 동안 고통을 겪었다. 그리고 사흘 째 되던 날 밤에는 내가 죽을 찰나에 도달했다고 수시로 생각했다. 그리고 내 주변에 있는 사람들도 그렇게 생각했다.

그러나 이러한 가운데 나는 너무나 슬프고 죽기가 싫었다. 그 이유는, 내가 사는 동안 나를 기쁘게 하는 그 어떤 것이 이 땅에 있다거나, 내가 두려워하는 어떤 것이 있기 때문은 아니었다. 왜냐하면 나는 하나님을 신뢰했기 때문이다. 다만 하나님을 더 잘, 더 오랫동안 사랑하면서 살아가기를 원했기 때문이다. 그리고 그렇게 살면서, 그분이 천상의 지극한 복 안에 있기에, 그분을 더 많이 알며 사랑하는 은총을 얻기를 원했기 때문이다. 왜냐하면 영원토록 지극한 복과 비교해 볼 때 내가 여기서 살아온 모든 시간이 너무나 작고 짧은 것처럼 보였기 때문이다.

그래서 나는 생각했다. '선하신 주님, 내가 살아 있는 것이 더 이상 당신의 영광이 아닙니까?' 내 이성과 고통들은 내가 죽어야 한다고 말했다. 내 마음의 모든 의지를 다해 나는 하나님의 뜻대로 되기를 전적으로 동의했다.

그래서 그다음 날까지 내 생명은 지속되었는데, 그 무렵 내 몸이 중간에서 아래쪽으로 내려가면서 죽은 것처럼 내게 느껴졌다. 순간 나는 내 마음이 좀더 하나님의 뜻대로 될 수 있게 자유롭도록, 그리고 생명이 지속되는 동안 하나님을 생각할 수 있도록, 내 머리에 천을 두른 채 일으켜 부축해 달라고 요청하고 싶어졌다.

나와 함께 있던 이들이 내 임종을 지켜보게 하려고 교구 성직자인 신부님을 부르러 보냈다. 그는 십자가를 가지고 어린 소년과 함께 왔다. 그때까지 나의 두 눈은 고정되어 있었고, 말을 할 수도 없었다. 신부님이 십자가를 내 얼굴 앞에 놓고 말했다.

"딸아, 내가 너의 구세주의 상像을 네게 가져왔다. 그것을 보고 너와 나를 위해 죽으신 그분을 향한 경외심을 통해 십자가로부터 오는 위로를 받으라."

나는 과거처럼 건강한 것 같은 생각이 들었다. 왜냐하면 나의 눈이 천상을 향해, 즉 내가 갈 것이라고 믿고 있었던 그곳을 향해 위로 치켜져 있었기 때문이다.

그럴지라도, 내가 할 수 있다면 나의 종국이 올 때까지 더 오랫동안 버티기 위해 내 눈을 십자가상 정면에 고정시키기로 동의했다. 왜냐하면 눈을 위로 향하는 것보다는, 내 바로 앞에 고정한 상태에서 내가 더 오랫동안 견딜 수 있는 것 같았기 때문이다. 그러나 곧바로 나의 시력은 저하되기 시작했다. 방안의 내 주변은 온통 밤과도 같이 어두워졌는데, 어떻게 된 영문인지 모르게 십자가상에 집중된 통상적인 빛만은 예외였다. 십자가 주변에 있는 모든 것들이 나에게는 마치 거대한 악마의 두리에 의해 점령당한 듯이 추해 보였다.

 그 후 나는 내 몸의 위쪽 부분이 죽어 가기 시작하는 것을 느꼈다. 나의 손들은 양쪽으로 떨구어졌고, 나는 너무나 약해져서 나의 머리는 한쪽으로 축 늘어졌다. 내가 느낀 가장 커다란 고통은 짧게 가빠진 숨, 그리고 사그라드는 나의 생명이었다. 그때 실로 나는 죽을 찰나에 도달했다고 믿었다.

 그런데 갑자기 그 순간 모든 고통이 나를 떠났다. 내가 이전에 그랬던 것과 같이 그리고 이래로 계속 그랬왔던 것과 같이 나는 건강해졌는데, 특별히 나의 몸의 위쪽 부분이 그러했다. 나는 이러한 변화에 대하여 놀랐다. 왜냐하면 그것이 하나님의 비밀스러운 행위에 의한, 그래서 자연스럽지 않은 것처럼 보였기 때문이다. 정확히 말해 내가 느꼈던, 그 아픔이 가신 후 얻은 편안함 안에서 나는 내가 살아야 한다는 것에 더 이상의 확신도 없었고, 그 고통이 완전히 사라졌다는 확신도 없었다. 왜냐하면 나는 내가 오히려 이 세상으로부터 해방되었으리라 생각했는데, 그것은 사실 나의 마음이 바랐던 것이기 때문이다.

제3장

 그리고 갑자기 내 마음에, 내가 두 번째 상처를 소원해야 한다는 생각이 들었다. 즉 내가 이전에 기도한 것처럼 우리 주님이 그의 선물과 은총을 통해 나의 몸을 그의 복된 수난에 대한 명상과 느낌으로 가득 채워 주실 것이기 때문이다. 왜냐하면 나는 그분의 고통이, 하나님을 향한 갈망으로 나를 이끌 연민과 함께 나의 고통이 될 것을 갈망했기 때문이다. 그래서 내가 이전에 소원했던 대로 내가 그분의 은총을 통해 그 상처들을 가질 수 있는 것처럼 보였다. 그러나 이런 소원에 있어서, 나는 어떠한 육체적인 현시나 혹은 하나님으로부터 어떠한 종류의 계시도 결코 원하지 않았다. 다만 내가 생각하기에 사랑하는 영혼이 우리의 주님 예수를 위해 가질 수 있는 연민만을 원했다. 예수께서도 사랑 때문에 기꺼이 죽을 인간이 되셨다. 나는 하나님이 나에게 은총을 주신 대로 나의 죽을 육신 가운데 살면서 그와 함께 고통당하기를 열망했다.

바로 이때, 나는 갑자가 빨간 피가 그분의 가시관 아래에서 서서히 흘러내리는 것을 보았다. 그것은 매우 뜨겁고, 거침없이 흘러넘치는 생생한 핏줄기였다. 그것은 마치 가시관이 그분의 거룩한 머리를 찔렀을 순간과 같이 내게 느껴졌다. 그분이 그랬던 것처럼, 하나님이시며 동시에 인간이신 분이 나를 위해 고통을 당하고 있었다.

나는 바로 그분 자신이 어떠한 매개체도 없이 나에게 이러한 현시를 보여 주었다는 것을 진정으로 그리고 확실하게 알았다. 그때 나는 "주님은 복되도다!" 하고 공경하는 마음으로 크게 말했다. 그리고 나는 그분이 그렇게 겸손하게 이처럼 비참한 육체 가운데 사는 죄 많은 피조물과 더불어 있었다는 것에 경이와 감탄과 놀람을 느꼈다.

나는 우리 주님 예수께서 그때에 그의 자애로운 사랑으로, 내 유혹들이 시작되기 전에 나에게 위로를 보여 주고자 하셨음을 깨달았다. 왜냐하면 내가 죽기 전에 하나님의 허락과 보호 가운데 악마들에 의해 적잖이 유혹을 당할 수 있는 듯했기 때문이다. 내가 이해한 대로 말하는데, 신이신 그분의 거룩한 수난의 광경과 더불어, 나는 그러한 현시가 나에게, 그리고 지옥의 모든 악마들과 모든 다른 영적인 적들로부터 보호받을 살아 있는 모든 피조물들에게 충분한 힘이라는 것을 보았다.

제4장

　내가 이러한 육체적인 광경을 보았던 동일한 시간에, 우리의 주님은 또한 그분의 친근한 사랑에 대한 영적인 광경을 보여 주었다. 나는 그분이 우리에게 우리를 돕기 위한 선하고 위로가 되는 모든 것임을 보았다. 그분은 우리의 의복衣服이다. 왜냐하면 그는 우리를 감싸 안고, 품어 주며, 인도해 주는 사랑이기 때문이다. 또한 그의 사랑으로 우리를 둘러싸고 있는데 그 사랑은 너무나 부드러워서 결코 우리를 버리지 않기 때문이다. 그리고 이러한 광경을 통해서 나는 내가 이해하고 있는 것처럼 그분은 선한 그 모든 것이라는 점을 진실로 보았다.

그리고 이런 가운데 그분은 나에게 개암나무 열매보다 크지 않은, 그분의 손바닥에 있는 어떤 작은 것을 보여 주셨다. 나는 그것이 공과 같이 둥근 것임을 알아차렸다. 나는 그것을 보고 생각했다. '이것이 무엇을 의미할까?' 그러자 나에게 이러한 일반적인 대답을 주셨다. '그것은 창조된 모든 것이다.' 나는 그것이 지속될 수 있다는 것에 대해 놀랐다. 왜냐하면 나는 그것이 너무 작아서 갑자기 아무것도 아닌 것으로 떨어질 수 있으리라고 생각했기 때문이다. 그리고 나는 나 자신의 이해를 통해서 대답을 얻었다. '그것은 지속되며 항상 그럴 것인데, 왜냐하면 하나님이 그것을 사랑하기 때문이다. 따라서 모든 것은 하나님의 사랑을 통해서 그 존재를 갖게 된다.'

이 작은 것 안에서 나는 세 가지 속성을 보았다. 첫째는 하나님이 그것을 만들었다는 것이고, 둘째는 하나님이 그것을 사랑한다는 것이고, 셋째는 하나님은 그것을 보존한다는 것이다.

그렇다면 그것이 나에게 무엇을 의미하는가? 그것은 하나님은 창조주이고, 사랑하는 분이며, 보호자라는 것이다. 내가 본질적으로 그분과 하나가 될 때까지, 나는 결코 사랑이나, 안식이나, 참된 행복을 가질 수 없다. 말하자면, 내가 그분께 그토록 밀착되어 있어서 나의 하나님과 나 사이에는 그 어떤 창조된 것도 있을 수가 없다는 것이다. 그런데 누가 이러한 일을 할 것인가? 진정으로 그분 자신만이 그의 자비와 은총으로 [할 것인데], 왜냐하면 그분이 이 일을 위해 나를 만드셨고 또한 복도 게도 나를 회복시키셨기 때문이다.

이런 가운데 하나님은 내가 우리의 동정녀 마리아를 이해할 수 있게 해 주셨다. 나는 잉태한 그녀의 신체적인 모습을 통해서 어느 정도 성장한 마리아, 즉 순전하고 겸손한 젊은 처녀를 영적으로 보았다. 하나님은 또한 내게 그녀의 영혼이 지닌 지혜와 진실함의 일부를 보여 주셨다. 이 안에서 나는 하나님이 그분 자신이 창조하신 단순한 피조물인 그녀에게서 기꺼이 태어나고자 하신 그 위대함에 경외심과 경탄을 느끼면서, 그것을 통하여 그녀가 하나님을 바라다보았던 그 경건한 명상을 깨닫게 되었다. 그리고 이러한 지혜와 진리, 창조자의 위대함과 창조된 그녀 자신의 보잘것없음에 대한 이러한 인식이 그녀로 하여금 천사 가브리엘에게 유순하게 말하도록 만들었다: "보십시오, 하나님의 여종이 여기 있습니다."

이러한 장면에서 나는 진실로 그녀가 하나님이 창조했던 다른 모든 것보다 그리고 그녀보다 못한 모든 것보다 더 위대하며, 더 가치 있고, 더 충만해 있다는 것을 보았다. 그리스도의 거룩한 인성 외에는 그녀보다 뛰어난 창조물은 없다. 이 작은 그리고 우리의 동정녀 마리아보다 열등한 창조물, 즉 하나님이 그것이 마치 개암나무 열매인양 내게 보여 주셨던 것은 너무 작아서 소멸될 수도 있는 것처럼 보였다.

이러한 거룩한 계시 안에서 하나님은 나에게 세가지 무無, nothing를 보이셨다. 내가 본 첫 번째 것은 이것이다. 명상적으로 살기를 원하는 모든 남자와 여자는 이 첫 번째 무無를 알 필요가 있는데, 즉 창조주 하나님을 향한 사랑을 소유하기 위해서 창조된 모든 것을 아무 것도 아닌 듯 멸시하는 것이 그들에게 즐거움이 된다는 것이다. 왜냐하면 끊임없이 세상적인 복락을 추구하면서 지상의 일들에 의도적으로 자신을 내어준 사람들의 마음과 영혼 안에는 하나님께로부터 오는 안식이 없기 때문이다. 다른 말로 하자면, 그렇게 작은 것 안에서 그리고 어떠한 안식도 없는 것 안에서, 그들이 사랑하고 안식을 추구하기 때문이다. 또한 전능하고, 모든 지혜이자 모든 선이자, 참된 안식이 되는 하나님을 알지 못하기 때문이다.

하나님은 당신 자신이 알려지기를 원했고, 우리가 그분 안에서 안식해야 한다는 사실이 하나님을 기쁘시게 한다. 왜냐하면 그분 아래 있는 모든 것들은 우리에게 충분하지 않기 때문이다. 그래서 창조된 모든 것을 아무것도 아닌 무로서 낮추어 볼 때까지는 어떤 영혼도 안식할 수 없다. 선한 모든 것인 그분을 소유하기 위해서 영혼이 사랑을 위해 무無가 될 때, 그때 그 영혼은 영적인 안식을 누릴 수 있다.

제5장

 우리 주님이 내가 방금 묘사한 이러한 영적인 현시를 보여 주시는 동안, 나는 한편으로 그분의 머리에서 엄청난 피가 흐르는 육체적인 현시가 계속되는 것을 보았다. 그것을 보면서 여러 번 이렇게 말했다. "주님은 거룩하시다!" 우리 주님에 대한 이러한 첫 번째 계시를 통해 나는 내 이해 안에서 여섯 가지 것을 보았다.

 첫째는 그분의 거룩한 수난과 그분이 많이 흘린 값진 보혈의 징표들이다. 둘째는 그의 사랑하는 어머니인 동정녀이다. 셋째는 그 거룩한 신성, 즉 항상 있었고, 지금도 있고, 앞으로도 있을 전능하고 완전한 지혜이며 완전한 사랑이다. 넷째는 그분이 만든 모든 것이다. 그것은 위대하고 사랑스러우며 그리고 충만하고 선하다. 그러나 그것이 나의 눈에 그렇게 작아 보였던 이유는 내가 그것을 창조자인 그분 앞에서 보았기 때문이다. 모든 존재들의 창조자를 보는 영혼에게는, 창조된 모든 것이 매우 작아 보인다. 다섯 번째는 앞서 언급했듯이 그분은 사랑 때문에 만들어진 모든 것을 창조했고, 그리고 그것은 동일한 사랑을 통해 보존되고, 항상 끝없이 존재하리라는 것이다. 여섯 번째는 하나님은 선한 모든 것이고, 그리고 모든 것이 갖고 있는 선함이 하나님이라는 것이다.

첫 번째 현시에서 하나님은 내게 이러한 모든 것을 보여주었고, 그리고 나에게 그것을 명상할 공간과 시간을 주었다. 그리고 그때 육체적인 현시가 멈추었고, 영적인 현시는 나의 지성 안에서 지속되었다. 그리고 나는 내가 본 것을 기뻐하면서 그리고 그것이 하나님의 뜻이라면 내가 감히 원했던 만큼 더 보기를 갈망하면서, 내가 이미 본 것을 더 오랜 시간 동안 보기를 경외심을 가지고 기다렸다.

제6장

 나는 나 자신에 대하여 말한 모든 것을 모든 동료 그리스도인들에게 적용하기 원한다. 왜냐하면 나는 우리 주님이 이러한 영적인 계시 안에서 의도한 것이 이것이라고 배웠기 때문이다. 그래서 나는 여러분들을 위해 간곡히 기도하며, 여러분 자신의 유익을 위해 조언을 한다.

 "형편없는 벌레 같은 인생과 죄악으로 가득 찬 눈에 보이는 피조물을 무시하시오. 다만 강하게, 지혜롭게, 사랑스럽게, 그리고 유순하게 하나님을 명상하시오. 그분은 그의 자상한 사랑과 끝없는 선함을 통해 우리 모두를 위로하기 위해서 이 현시를 기꺼이 널리 보여 주셨습니다."

그리고 이 현시와 가르침은 여러분 영혼들을 교화시키기 위해 예수 그리스도로부터 온 것이다. 그러므로 예수님이 내게 하셨듯이, 여러분 모두가 이 현시와 가르침을 각 개인에게 보여 주는 것으로 여겨 가능한 한 많은 즐거움과 기쁨을 갖고 이 현시와 가르침을 받아들이는 것이 바로 하나님의 뜻이자 나의 소망이다. 그 계시 때문에 내가 선한 것이 아니라, 다만 내가 하나님을 더 사랑한다면 그 계시와 가르침을 선한 의지와 적합한 의도를 가지고 보고 듣는 모든 사람이 그렇게 할 수 있고, 또 그렇게 해야만 하기 때문이다.

내가 나 자신을 위해 구했던, 그리고 내가 그 현시를 보았던 첫 순간에 나를 감동시켰던 그 동일한 유익이 모든 사람에게 있어야 한다는 것이 나의 열망이다. 왜냐하면 우리 모두가 하나이듯 그 유익도 보편적이고 일반적이기 때문이다. 나는 내가 다른 많은 사람들의 유익을 위해 그것을 보았다고 확신한다. 진실로 이것이 내게 드러난 것은 하나님이 나를 은총의 상태 가운데 가장 겸손한 영혼보다 더 사랑해서가 아니다. 왜냐하면 나는 결코 계시나 현시들을 체험하지 않고, 오직 거룩한 교회로부터의 일반적 가르침만을 들어 온 매우 많은 사람들이 있다는 것을, 그리고 그 사람들이 나보다 더 하나님을 사랑한다는 것을 잘 알고 있기 때문이다. 내가 만약 나 자신에게 특별한 주의를 기울여 본다면, 나는 사실 아무것도 아니다. 그러나 보편적으로 볼 때 나는 모든 동료 그리스도인들과 함께 사랑의 연합체 안에 있다. 왜냐하면 구원받을 모든 사람들로 이루어져 있는 생명이 바로 이 사랑의 연합체이기 때문이다.

하나님은 선善인 모든 것이고, 또한 그분은 창조된 모든 것을 만들어 왔으며, 하나님은 당신 자신이 만든 모든 것을 사랑하기에, 만약 어떤 남자나 여자가 자신의 동료 그리스도인들 가운데 누구에게서든지 그의 사랑을 철회시킨다면, 그런 사람은 결코 사랑하지 않는 것인데, 왜냐하면 그는 모든 이들을 향한 사랑을 갖고 있지 않기 때문이다. 따라서 누가 그런 시기에 있다면 그는 위험 중에 있다고 하겠다. 왜냐하면 그 사람은 평화 가운데 있지 않기 때문이다.

한편 누군가 동료 그리스도인들을 향한 보편적인 사

랑을 갖고 있다면, 그는 존재하는 모든 것을 향한 사랑을 지니게 된다. 왜냐하면 모든 것, 즉 창조된 모든 것과 그 모든 것의 창조자가 구원받을 인류 안에서 이해되기 때문이다. 또한 하나님이 인간 안에 계시고, 따라서 인간 안에 모든 것이 있기 때문이다. 그리하여 보편적으로 자신의 동료 그리스도인들을 사랑하는 그 사람은 모든 것을 사랑하는 것이고, 그렇게 사랑하는 사람은 안전하다.

그렇기 때문에 나는 사랑할 것이고 또한 사랑하고 있으며, 그리하여 나는 걱정할 것이 없이 안전하다. 나는 모든 동료 그리스도인들의 대표로서 쓰고 있다. 그리고 내가 이 세상에 있는 동안 이런 방식으로 사랑을 하면 할수록, 나는 더욱 내가 하늘나라에서 끝없이 향유하게 될 기쁨, 즉 하나님 자신의 끝없는 사랑 때문에 우리의 형제가 되기를 뜻하셨고 우리를 위하여 고통을 겪은 그 하나님의 기쁨 자체가 될 것이다. 그리고 나는 이것을 그렇게 보는 사람은 어느 누구라도 진리를 배우게 될 것이라고, 그리고 그가 만약 위로를 필요로 한다면, 큰 위로를 받게 될 것이라고 확신한다.

그러나 하나님은 내가 스스로를 선생으로 가장하거

나, 선생이라고 말하는 것을 금지하셨다. 그것은 결코 나의 의도가 아니었고 지금도 아니다. 왜냐하면 나는 무지하고 약한 여자이기 때문이다. 그러나 나는 내가 말하는 모든 것이 최상의 스승인 그분의 계시를 통해 받은 것임을 매우 잘 알고 있다.

그러나 그것을 여러분에게 말하도록 나를 움직인 것은 진정으로 사랑이다. 왜냐하면 나는 하나님이 알려지기를 바라고, 또한 내가 죄를 더욱 미워하고 하나님을 더욱 사랑함으로써 나 스스로가 잘되기를 소망하듯이 동료 그리스도인들이 잘되기를 바라기 때문이다.

내가 그 계시와 동시에 그 계시가 알려지는 것이 그분의 뜻이라는 것을 보았을 때, 내가 여자라는 이유로 여러분에게 하나님의 선하심에 대해 말해서는 안된다고 여겼어야 했을까? 여러분이 만약 진실로 잘 받아들인다면 다음에 오는 설명을 통해 이것을 더 명확하게 알게 될 것이다. 그때 여러분은 하찮은 존재로서 이 일을 하는 나를 금세 잊어버리게 될 것이다. 그리하여 내가 더 이상 여러분에게 방해물이 아니고, 여러분은 모든 사람의 스승인 예수를 명상하게 될 것이다.

나는 구원받을 사람들에 관해 말하고 있다. 그때 하

나님은 내게 그 어떤 다른 것을 보여주지 않았고, 오히려 거룩한 교회의 가르침이라고 내가 믿고 있는 모든 것 안에서 보여주었다. 이리하여 나는 우리 주님으로부터 온 이 거룩한 계시 전부를 하나님의 관점에서 통합된 것으로 바라보았다. 또한 나는 그 어떤 것도 나를 어리둥절하게 하는 것, 또는 나를 거룩한 교회의 참된 가르침으로부터 떼어 놓는 것으로부터 이해하지 않았다.

제7장

 우리 주님의 이러한 모든 거룩한 가르침은 세 부분, 즉, 그것은 육체적인 현시를 통해, 나의 이해 안에서 형성된 말들을 통해, 그리고 영적인 현시를 통해서 나에게 보여졌다. 그러나 나는 내가 원하는 만큼 명백하고 완전하게 영적인 현시들을 여러분에게 보여 주지 못할지도 모르고, 그렇게 할 수도 없다. 그러나 나는 우리 주님, 전능하신 하나님이 그의 선함과 여러분에 대한 사랑 때문에 내가 여러분에게 말할 수 있는, 또는 말할 만한 정도 이상으로 여러분이 그것을 더 영적으로 그리고 더욱 달콤하게 받아들이게 만들 것이라고 믿는다. 그것은 그렇게 될 것인데, 왜냐하면 우리 모두는 사랑 안에서 하나이기 때문이다.

이러한 모든 것 안에서 나는 동료 그리스도인들을 향한 사랑 안에서 겸손하게 감동되어서, 그들 모두가 내가 본 것과 같은 것을 보고 알 수 있게 되기를 갈망하게 되었다. 왜냐하면 나는 그것이 나에게 그런 것같이 그들 모두에게 위로가 되기를 원했기 때문이다. 그리고 이 현시가 나 혼자만이 아닌 모든 사람을 위해 보여졌기 때문이다.

내가 본 모든 것 중에서 나에게 가장 큰 위로가 되었던 것은 우리 주님이 그토록 친근하며 다정하다는 것이다. 그리고 이것은 나의 영혼을 기쁨과 확신으로 가득 채웠다. 그래서 나는 나와 함께 있었던 사람들에게 말했다. "오늘은 나의 운명의 날이다." 나는 내가 죽을 것이라고 예상했기 때문에 그렇게 말했다. 왜냐하면 남자나 여자가 죽는 날에 그들은 그들 각자가 영원히 머물게 될 상태대로 심판을 받게 되기 때문이다. 또한 나는 그들이 하나님을 더욱더 사랑하고 세상적인 허영을 덜 쌓기를 원했기 때문에, 그리고 그들이 나의 삶을 통해 볼 수 있듯이 이생의 삶이 짧다는 것을 – 실로 나는 언제나 죽을 것을 예상하고 있었다 - 마음에 새기기를 원했기 때문에 그렇게 말했다.

그러고 나서, 나는 육체적 현시를 통해 내 앞에 놓인 십자가를 마주하면서 그리스도의 수난의 일부분, 즉 경멸, 육체를 더럽히는 침 뱉기, 그의 거룩한 얼굴을 치는 것, 그리고 많은 저주와 고통들, 내가 말할 수 있는 것보다 더 많은 것을 보았다. 그리고 그의 안색이 자주 변했고, 그의 거룩한 얼굴 전체가 잠시 동안 마른 피로 굳어졌다. 나는 이러한 것을 육체적으로, 비통하게, 그리고 희미하게 보았다. 나는 그것을 더 명확하게 보기 위해서 더 많은 낮의 빛을 원했다. 그리고 마침내 나는 하나님이 나에게 더 많은 것을 보여 주기를 원하신다면 하실 수 있지만, 나는 그분 외에는 어떠한 빛도 필요로 하지 않는다는 것을 응답받았다.

제8장

 이 일 후에 나는 순식간에 하나님을 보았는데, 이러한 현시에 의해 이를테면 나의 이해 안에서 그분이 모든 것 안에 현존해 계신다는 것을 보았다. 나는 그것을 통해 하나님이 되어지는 모든 것을 행하신다는 것을 알고 인식하면서, 그것을 깊게 명상했다. 나는 이러한 현시 앞에서 잔잔한 두려움으로 경탄했고, '죄란 무엇인가?' 하고 생각했다. 왜냐하면, 나는 실로 하나님이 아무리 작은 일이더라도 모든 것을 행하시고, 어떤 것도 우연히 이루어지지 않고, 오로지 하나님의 지혜라는 끝없는 섭리에 따라 이루어진다는 것을 알았기 때문이다.

 그러므로 이루어진 모든 것은 잘된 것이라고 나는 인정하지 않을 수가 없었고, 또한 하나님은 어떠한 죄도 짓지 않으신다는 것을 나는 확신했다. 그러므로 나에게 죄는 아무것도 아닌 것처럼 보였는데, 이러한 모든 것 안에서 죄는 보이지 않았기 때문이다. 나는 이것에 대하여 놀라는 느낌을 계속해서 갖기를 원하지 않았다. 다만 우리 주님을 명상했고, 그분이 내게 보여 주실 것을 기다렸다. 나중에 이야기하겠지만, 다른 기회에 하나님은 나에게 죄가 무엇인지를 적나라하게 그 자체로 보여 주었다.

 그리고 이것 후에 계속되는 현시 안에서, 이전에 피 흘리는 머리를 보았던 것과 같이 피를 엄청나게 흘리는 몸을 나는 보았다. 그것은 뜨겁고 거침없이 흐르는, 살아 있는 핏줄기였다. 나는 고통의 고랑들 안에서 이것을 보았는데, 피가 철철 흘러내렸기 때문에 만약 내가 있는 그곳에서 그 일이 일어난 것이었다면 내 성대^{聖帶}와 그 주변에 있는 모든 것이 피에 잠겼을 것이라고 느껴졌다.

 하나님은 우리를 향한 친절한 사랑으로 인해 우리의

소용과 육체적 안락함을 위해 이 세상에 풍부한 물을 만드셨다. 그러나 우리가 우리 죄를 씻기 위해 그분의 거룩한 피를 기꺼이 받아들이는 것이 그분께 더 기쁜 것이다. 왜냐하면 우리에게 주기 위해 만들어진 음료로서 그분을 그렇게까지 기쁘게 하는 것이 없기 때문이며, 또한 그 피는 지극히 풍부하며, 우리 자신의 본성에 관계된 것이기 때문이다.

이후에 하나님은 내게 무언가를 말씀하시기 전에, 나에게 내가 보았던 모든 것과 그 안에 담긴 모든 것을 좀더 오래 명상하도록 허락하셨다. 그러고 나자 목소리도 없이, 그리고 입을 열지도 않은 채 내 영혼에 이러한 말이 생겨났다. "이것으로 악마를 이겼다." 이전에 내게 보여 주셨던 것과 같이 우리 주님은 이것을 그의 수난과 관련해 말씀하셨다. 그리고 그것을 통해 그는 악마의 악의惡意의 일부분과 악마의 모든 무능함을 보여 주셨다. 또한 그의 수난이 악마에 대한 승리라는 것을 나에게 보이심으로써 이것을 나의 마음에 생각나게 했다.

하나님은 악마가 그리스도의 성육신 이전에 가졌던 것과 동일한 악의를 여전히 가지고 맹렬하게 일하고 있고, 이전에 그러했듯이 모든 선택 받은 영혼들이 그를 벗어나 하나님의 영광으로 피하는 것을 끊임없이 보고 있음을 내게 보여 주셨다.

그 안에 악마의 모든 비통이 있다. 왜냐하면 하나님이 그에게 허락한 모든 것이 우리에게는 기쁨으로, 그에게는 고통과 수치로 변하기 때문이다. 하나님이 악마에게 일하도록 허용하실 때 악마에겐 자신이 일하고 있지 않을 때만큼이나 많은 비통이 있다. 원하는 만큼의 악을 자신이 결코 행할 수 없기 때문이다. 왜냐하면 악마의 능력이 하나님의 손에 모두 가두어져 있기 때문이다. 또한 나는 우리 주님이 그의 악의를 조롱하고, 그를 아무것도 아닌 것으로 멸시하고 있는 것을 보았는데, 그분은 우리도 그렇게 하기를 원한다.

이러한 광경 때문에 나는 크게 웃었고, 또한 내 주변에 있는 이들을 웃게 했다. 그리고 그들의 웃음은 나를 유쾌하게 했다. 나는 모든 동료 그리스도인들이 내가 본 것을 보았으면 하고 바랐다고 생각했다. 그랬다면 그들은 모두 나와 함께 웃었을 것이다. 그러나 나는 그리스도가 웃는 것을 보지 못했다. 그럼에도, 우리가 우리 스스로를 위로하기 위해 웃는 것, 그리고 악마를 이

겼기 때문에 우리가 하나님 안에서 기뻐하는 것은 그리스도를 기쁘게 했다.

그 후에 나는 다시 진지하게 말했다.

"나는 본다. 즐거움과 경멸과 심각함이라는 이 세 가지를 본다. 악마에게 승리했기에 나는 웃음거리를 본다. 하나님이 그를 경멸하고 또한 그가 경멸을 받을 것이기에 나는 경멸을 본다. 그리고 그가 우리 주님 예수 그리스도의 수난과 죽음으로 인해 꼼짝 못하고, 그 모든 것이 우리 주님의 위대한 마음과 엄청난 고역으로 함께 성취되어졌기에 나는 진지함을 본다."

이것 후에 우리 주님은 말했다.

"나는 그대의 봉사와 그대의 수고와, 특별히 그대의 젊음 안에서 행해진 그 일들에 대해 그대에게 감사하노라."

제9장

하나님은 이 세상에서 어떤 정도든지 하나님을 자발적으로 섬겼던 모든 영혼이 천상에서 갖게 될 세 가지 단계의 지복至福을 보여 주셨다. 첫째는 그가 고통으로부터 해방될 때 받게 될 우리 주 하나님의 감사의 영예이다. 이 감사는 너무나 높고 영광스러워서 다른 행복이 없다고 해도 그에게 충분한 것처럼 보일 것이다. 왜냐하면 살아 있는 모든 사람이 감당해야만 하는 모든 고통과 수고는 자발적으로 하나님을 섬긴 사람이 갖게 될 그런 감사를 얻을 수 없다고 보였기 때문이다.

둘째 단계로 말하자면, 이것은, 천상의 모든 복된 존

재들이 우리 주 하나님으로부터 온 그 감사의 영예를 보게 될 것이라는 것이다. 이것은 한 영혼의 봉사를 하늘에 있는 모든 존재들에게 알려지게 만든다.

셋째 단계는 영혼이 받아들여질 때의 첫 번째 기쁨이 영원토록 지속되리라는 것이다. 나는 이것이 온화하고 아름답게 들리고, 나에게 드러나는 것을 보았다. 모든 사람의 나이가 하늘에서 알려지고, 그리고 그들의 자발적인 봉사와 섬긴 시간이 보응을 받을 것이고, 특별히 자발적으로 그리고 자유롭게 그들의 젊음을 하나님에게 바친 사람들의 그 시대가 적절히 보상되며 놀랍도록 감사를 받게 될 것이다.

그리고 이 후에 우리 주님은 나의 영혼 안에 있는 최상의 영적인 즐거움을 나에게 계시해 주었다. 이러한 즐거움 안에서 나는 영원한 확실성으로 가득 찼고, 그리고 어떠한 두려움도 없이 강한 안전함을 느꼈다. 이러한 느낌은 너무나 좋고 소중하여 나는 평화와 편안함과 안식을 누렸다. 그 결과 땅 위에서 나를 고통스럽게 할 수 있는 것은 아무것도 없었다.

이것은 잠시 동안만 지속되었다. 그러고 나서 나는 달라지고, 내 삶을 후회하면서 나 자신에 대해 진저리가 난 채 내 마음대로 하도록 유기되었다. 그래서 내게는 삶을 계속할 인내가 거의 없었다. 나는 내게 소망, 믿음, 사랑 외에는 어떠한 편안함이나 위로가 없었다는 것을 느꼈고, 그리고 진실로 나는 그러한 것을 거의 느끼지 못했다.

그러고 나서 곧 하나님은 나에게 다시 내 영혼을 위한 위로와 안식을 주셨다. 그 기쁨과 안전함은 너무나 복되고 강력하여 두려움도, 슬픔도, 물리적이거나 영적인 고통도 없었다. 사실 나를 혼란스럽게 해 왔는지도 모를 그런 두려움, 슬픔, 고통을 누구도 겪을 수 있다. 그러고서 나는 다시 고통을 느꼈고, 그 후에는 기쁨과 환희를, 그리고 이제는 이것을, 그 다음은 저것을 거듭하여 내가 생각하기에 한 스무차례를 반복했다.

그리고 기쁨을 누리는 시간에 나는 바울처럼 "누가 우리를 그리스도의 사랑에서 끊으리요."롬8:35라고 말할 수 있었다. 그리고 고통 가운데서 나는 베드로처럼 "주여, 나를 구원하소서, 내가 죽어 가고 있습니다."마14:30라고 말할 수 있었다.

이러한 현시는 나의 가르침을 위해 내게 보여졌으나, 모든 인간은 어떤 때는 위로를 받기 위해 다른 때는 실패하거나 혹은 그 마음대로 하도록 방치될 때 이것을 경험할 필요가 있다. 하나님은 기쁠 때나 슬플 때나 항상 우리를 안전하게 지키신다는 것을, 그리고 기쁠 때만큼이나 슬플 때에도 사랑하신다는 것을 우리가 알기를 원하신다. 그리고 때로 사람은 그의 영혼의 유익을 위해 자기 마음대로 하도록 남겨지는데, 그 어느 것도 죄로 인해 야기되지는 않는다. 왜냐하면 이러한 순간에 나는 내 마음대로 하도록 버려져야할 만큼 죄를 범하지도 않았고, 그렇다고 어떠한 기쁨의 감각들을 느낄 단한 가치가 있는 것도 아니기 때문이다.

그러나 하나님은 당신이 흡족한 대로 자유롭게 기쁨을 주시고, 때로는 우리가 슬픔 가운데 처하도록 허용하시는데, 이 둘은 모두 그분의 사랑으로부터 온다. 우리가 우리의 능력대로 우리의 위안을 지키기 위해 모든 것을 하는 것이 하나님의 뜻인데, 왜냐하면 지극한 복은 영원토록 지속되나 고통은 지나가고 그리고 아무것도 아닌 것으로 축소될 것이기 때문이다.

그러므로 우리가 고통을 느낄 때 슬퍼하거나 눈물을 흘리면서 고통을 추구해야 한다는 것은 하나님의 뜻이 아니다. 오히려 우리가 그것을 홀연히 넘어서서 우리 스스로를 끝없는 환희 가운데 보존하는 것이 하나님의 뜻이다. 왜냐하면 하나님은 전능하신 분이며 우리의 연인이고 보호자이기 때문이다.

제10장

 이 후에, 그리스도는 죽음에 가까운 그의 수난의 일부분을 나에게 보여 주셨다. 나는 그의 온화한 얼굴이, 마치 죽어 가는 사람의 창백함같이 메마르고 핏기가 없는 것을 보았다. 그러고 나서 더 죽어 갈수록 창백하고 초췌해지더니 마침내 그 창백함이 푸르게 변했다. 그리고 죽음이 그의 육체를 더욱 장악함에 따라 그의 얼굴이 점점 더 파래졌다. 그리스도가 그의 몸으로 겪었던 모든 고통들이 그의 거룩한 얼굴을 통해 내게 보여졌는데, 그 모든 것 안에서, 특별히 입술 안에서 나는 그것을 볼 수 있었다. 나는 그 현시에서 내가 이전에 보았던 네 가지 모습의 특색, 즉 그의 신선함, 불그스레한 혈색, 활기, 그리고 아름다움이 어떻게 되었는지를 보았다.

이러한 깊은 임종의 때와 내가 보았던 그 주름지고 말라붙은 코가 지켜보기엔 너무나 비통한 변화였다. 그 오랜 고통으로 인해 나는 마치 그가 일주일 동안 죽어 있었던 것처럼, 그리고 끊임없이 고통을 겪으면서 죽어 가고 있던 것처럼 느꼈다. 그리고 그의 수난 중에서 가장 큰 마지막 고통은 그의 육체가 말라 버렸을 때인 것처럼 보였다.

그리고 이러한 메마름 안에서 그리스도가 "내가 목마르다"요 19:28라고 말한 것이 내 마음 속에 생각났다. 왜냐하면 나는 그리스도 안에서 두 가지 목마름을 보았던 것이다. 하나는 육체적인 것이고, 다른 하나는 영적인 것이다. 이 말은 육체적인 목마름을 의미하기 위해 나에게 보여졌다. 영적인 목마름에 대하여 계시된 것은 나중에 다시 말할 것이다.

육체적인 목마름에 관하여, 나는 그의 몸이 완전히 말라 버렸다는 것으로 이해했는데, 왜냐하면 그의 거룩한 살과 뼈는 한 방울의 피와 물도 없이 버려졌기 때문이다. 그 거룩한 몸은 비트는 못들, 늘어지는 머리, 몸의 무게와 함께, 그리고 그의 주변을 맴돌며 부는 바람과 함께 오랜 시간 동안 말라 가면서 방치되었다. 그 바람은 그의 몸을 말라붙게 했고 추위로 그를 괴롭혔으니, 이는 내가 생각할 수 있는 것보다 더한 것이었다. 그리고 그가 겪은 다른 모든 고통들과 함께 나는 그런 고통에 대해 내가 묘사할 수 있거나 말할 수 있는 모든 것이 적절하지 않다는 것을 보았다. 왜냐하면 그 고통은 설명될 수 없기 때문이다. 그러나 모든 영혼은 성 바울이 말한 것처럼 해야 하며, 그리고 그리스도 예수 안에 있는 그것을 자신 안에서 느껴야 한다.

그리스도의 고통에 대한 이러한 계시는 나를 고통으로 가득 차게 했는데, 그분이 오직 한 번 고통을 겪었으나, 내가 이전에 간구했던 대로 이제 그 고통을 나에게 보여 주고, 나를 그것에 대한 명상으로 가득 채우는 것은 그분의 의지라는 것을 내가 잘 알고 있기 때문이다.

거기에 다른 사람들과 함께 서 있었던 나의 어머니가 나의 눈을 감기기 위해 내 얼굴 앞에 그녀의 손을 들어올렸는데, 그녀는 내가 이미 죽었거나 또는 그 순간 죽었다고 생각했기 때문이다. 그리고 이것은 나를 매우 슬프게 했다. 왜냐하면 나의 모든 고통에도 불구하고 나는 그분에 대한 나의 사랑 때문에 내가 보고 있는 것을 방해 받지 않기를 원했기 때문이다. 그리고 그리스도의 고통과 관련해서, 그리스도가 나에게 나타났던 모든 시간에 나는 그리스도의 고통을 제외하고는 어떠한 고통도 느끼지 않았다. 그때 나는 내가 간구했었던 고통이 무엇인지를 거의 알지 못하고 있었다는 생각이 들었다. 왜냐하면 당시 나의 고통들은 어떠한 치명적인 죽음도 능가하고 있는 것처럼 여겨졌기 때문이다. 나는 '지옥에도 이것과 같은 어떠한 고통이 있는가?' 생각했다. 그리고 나의 이성 안에서 절망이 좀더 크다는 대답을 받았는데, 왜냐하면 그것은 영적인 고통이기 때문이다.

그러나 이것보다 더 큰 육체적 고통은 없다. 나의 모든 생명이요, 나의 모든 축복이고, 나의 모든 기쁨인 그분이 고통당하는 것을 보는 것보다 더 큰 고통이 어디 있겠는가? 여기서 나는 진정으로 내가 나 자신보다 그리스도를 더 많이 사랑하고 있다고 느꼈다. 그래서 만약 나의 몸이 죽었다면 그 사랑이 나에게 커다란 위로가 되었을 거라고 생각했다.

이 안에서, 나는 우리의 동정녀 성모 마리아의 연민의 일부를 보았다. 그리스도와 그녀는 사랑 안에서 매우 긴밀하게 연합되어 있어서 그녀가 가진 사랑의 위대함이 그녀가 느끼는 고통의 크기를 결정했기 때문이다. 그녀의 고통은 그녀가 다른 모든 이들보다 더 그를 사랑한 단큼 다른 모든 이들의 고통을 능가한다. 그래서 그분의 모든 제자들과 모든 진정한 연인들은 그들이 자신의 육체적 죽음에서 겪었던 것보다 더 큰 고통을 겪는다. 왜냐하면 나 자신의 경험으로 확신하건대, 그들 중의 제일 작은 사람도 그들이 그들 자신을 사랑하던 것보다 더 그분을 사랑했기 때문이다.

여기서 나는 그리스도와 우리 사이에 있는 커다란 일치를 보았다. 왜냐하면 그분이 고통 중에 계셨을 때 우리도 고통 중에 있었고, 또한 모든 피조물들이 그분이 겪은 고통을 겪을 수 있기 때문이다. 그리고 그분을 알지 못했던 사람들로서는 당시 모든 피조물, 즉 태양과 달이 더 이상 인간을 위해 봉사하지 않아서 모두가 고통과 슬픔 속에 유기되었다. 그분을 사랑했던 사람들이 그들의 사랑 때문에 고통을 당했다면, 그분을 사랑하지 않던 사람들은 모든 피조물이 제 구실을 하지 않아서 고통을 당한 것이다.

  이때 나는 십자가의 측면을 보기 원했으나, 감히 그렇게 하지 못했다. 왜냐하면 내가 십자가를 볼 때에 비로소 걱정이 없고 안전하다는 것을 잘 알고 있었기 때문이다. 그러므로 나는 나의 영혼을 위험에 처하게 하고 싶지 않았는데, 십자가를 떠나서는 안전함이 없고, 오직 악마들의 공포만이 있기 때문이었다.

  그때 친숙하게 보이는 한가지 제안이 내 머리에 떠올랐다. "하늘을 향해 그분의 아버지를 바라 보아라." 라는 말이 들렸다. 그러나 나는 내가 느낀 믿음에 의해서, 십자가와 하늘 사이에 나를 슬프게 할 수 있는 것은 아무것도 없음을 명확하게 보았다. 또한 내가 위를 보거나 그렇지 않으면 대답을 해야만 한다고 분명히 알았다. 나는 이렇게 대답하며 말했다.

  "아닙니다. 나는 할 수 없습니다. 왜냐하면 당신은 나의 하늘이기 때문입니다."

  나는 위를 올려 보기를 원하지 않았기 때문에 이렇게 말했는데, 왜냐하면 나는 그분의 곁에서가 아닌 다른 어떤 방법으로 천상에 가는 것보다는 심판의 날 때까지 그러한 고통 안에 머물러 있을 것이기 때문이다.

나를 위해 그렇게 막대한 핏값을 치르고 사신 그분은 그분이 원할 때 언제든지 나를 풀어 주실 것임을 잘 알고 있었기 때문이다.

제11장

그래서 나는 나의 천국을 위해 예수를 선택했는데, 그때 나는 오직 고통 중에서만 그분을 보았다. 내가 천국에 있게 될 때 나의 지복이 될 예수 외에는 그 어떤 천국도 나를 기쁘게 하지 못했다. 그리고 이것이 항상 나에게 위로가 되어 왔기에 나는 고통과 슬픔의 모든 시간에 나의 천국으로 예수를 선택하였다. 그리고 그것은 내가 항상 그렇게 해야만 한다고, 그리고 행복할 때나 비통 중에 있을 때 오직 그분만을 나의 천국으로 선택하도록 나를 가르쳤다.

나는 오랫동안 기진맥진한 나의 주님 예수를 보았는데, 이는 그분 안에서 인간과 하나님이 하나가 된 까닭이며, 또한 사랑이 그분의 인성에게 모든 인간이 할 수 있는 것 이상으로 고통을 견딜 수 있는 힘을 주기 때문이다. 이것은 어떤 한 사람이 견딜 수 있는 것보다도 더 큰 고통을 의미할 뿐만 아니라, 태초부터 마지막 날까지 모든 사람이 함께 견딜 수 있는 것보다 더 큰 고통을 그분이 겪었음을 의미한다.

만약 우리가 가장 높으시고, 가장 존엄한 왕이신 분의 영예에 대해, 그리고 그분의 치욕스럽고, 비통하고, 그리고 고통스러운 죽음에 대해 유념한다면, 우리는 우리의 구세주가 우리를 위해 견디었던 그 고통을 어떠한 언어로도 말할 수 없을 것이고, 어떠한 마음으로도 온전하게 생각할 수 없을 것이다. 왜냐하면 가장 높으시고 가장 영예로운 그분이 가장 완벽하게 낮아지고, 가장 철저하게 경멸을 당하셨기 때문이다.

그러나 그분으로 하여금 이 모든 것을 견디게 했던 사랑은 하늘이 땅 위에서 먼 것만큼이나, 그분의 모든 고통을 능가한다. 왜냐하면 그의 고통은 사랑이라는 동작을 통해 단 한 번 행해진 행위였고, 그의 사랑은 시작도 없이 존재했었고, 지금도 있으며, 또한 끝도 없이 영원히 존재할 것이기 때문이다.

제12장

 그리고 갑자기, 내가 동일한 십자가를 바라보고 있을 때, 그분이 기쁜 모습으로 변했다. 그의 모습의 변화는 나의 모습도 변화시켰고, 나는 가장 큰 기쁨과 환희에 넘쳤다. 그때 우리의 주님이 유쾌하게 나의 마음에 말을 건네셨다. "너의 고통 혹은 너의 비애의 순간이 어디에 있느냐?" 그러자 나는 몹시도 기뻤다.

 그리고 우리의 주님은 나에게 질문을 던지셨다.

 "내가 너를 위해 고통당했다는 것에 너는 크게 만족하느냐?"

 "예, 선하신 주님이여."라고 나는 말했다.

"모든 감사를 당신, 선하신 주님께 드립니다. 당신에게 복이 있으시기를 원합니다!"

"만약 네가 만족한다면, 나는 만족한다."라고 우리 주님은 말씀하셨다.

"일찍이 내가 너를 위해 겪었던 고난은 나에게도 기쁨이고 지극한 복이고, 그리고 끝없는 즐거움이다. 내가 만약 더 큰 고통을 당할 수 있다면 나는 그렇게 할 것이다".

이것에 대한 응답 속에, 나의 지각은 하늘로 들어올려졌고, 거기에서 나는 세 개의 하늘을 보았다. 이러한 광경을 보고서 나는 매우 놀랐다. 그리고 나는 생각했다.

'나는 세 개의 하늘을 보았고, 그 모두 그리스도의 거룩한 인성에 대한 것이었다. [그중] 어떤 것도 더 크지 않고, 어떤 것도 더 작지 않았으며, 어떤 것도 더 높지 않고, 어떤 것도 더 낮지 않았다. 대신 그것들 모두는 그들의 기쁨 안에서 동등했다.'

첫 번째 하늘에 관해 말하자면, 그리스도는 나에게 어떠한 유형의 모습을 통해서가 아니라 그분의 속성과 그분의 기쁨을 통해 당신의 아버지를 보여 주셨다. 실로 하나님 아버지의 일하심은 이것이니, 즉 그의 아들 예수 그리스도에게 보상하는 것이다. 이러한 선물과 보상은 예수에게 너무나 기쁜 것이어서 아버지는 그것보다 더 많이 아들을 기쁘게 할 수 있는 그 어떤 보상도 그에게 주실 수 없다. 나에게 하나의 하늘로서 보여진 첫 번째 하늘, 그것은 하나님 아버지의 지극한 축복이며, 그 축복으로 가득 차 있었다. 왜냐하면 예수가 우리의 구원을 위해 행한 모든 행위 안에 커다란 기쁨이 있고, 그리하여 우리가 구속을 통해서뿐만 아니라 그분[예수] 아버지의 자비로운 선물로 인해 그분의 것이기 때문이다. 우리는 그분의 지극한 복이고, 그분의 상이며, 그분의 영광이고, 그분의 왕관이다.

내가 지금 묘사하고 있는 것이 예수님에게 몹시도 큰 기쁨이어서 그분은 그의 애씀과 쓰라린 고통들, 그리고 그 가혹하고 치욕스러운 죽음을 아무것도 아닌 것으로 여기신다. 그리고 "내가 만약 고통을 더 겪을 수 있다면, 나는 그렇게 했을 것이다."라는 그분의 말에서 나는 진실로 이런 것을 깨달았다.

'만약 그분이 구원받을 각 사람을 위해 매번 그렇게 죽으실 수 있다면, 그분이 모든 사람들을 위해 단 한 번에 그렇게 했던 것처럼, 그분의 사랑은 그분이 그렇

게 할 때까지 결코 그분을 쉬게 하지 않을 것이다.'

그리고 그것을 했을 때, 그분은 사랑 때문에 그 모든 것을 아무것도 아닌 것으로 간주할 것이다. 왜냐하면 그분의 사랑과 비교할 때 모든 것이 그분에게는 지극히 작은 것으로 느껴지기 때문이다. 그리고 그는 "내가 더 많이 고통을 겪을 수 있다면!"이라고 진지하게 말하면서 나에게 솔직히 이야기하셨다.

그분은 "고통을 더 많이 겪을 필요가 있다면"이라고 말씀하시지 않았다. 대신에 "만약 내가 더 많이 고통을 겪을 수 있다면"이라고 하셨다. 더 많은 고통이 필요없었음에도, 만약 더 많이 고통을 겪을 수 있다면 그분은 그렇게 하셨을 것이기 때문이다. 우리의 구원을 위한 이러한 행위와 사역은 그분이 생각할 수 있었던 만큼 잘 이루어졌다. 그것은 그리스도가 그것을 할 수 있는 만큼이나 영광스럽게 이루어졌다. 그리고 나는 이것을 통해 그리스도 안에 있는 완벽한 기쁨을 보았다. 그러나 그 행위가 그보다 더 좋게 행해질 수 있었다면, 그분의 기쁨은 완벽하지 못했을 것이다.

그리고 "그것은 나에게 기쁨이고, 지극한 복이고, 끝없는 즐거움이다."라는 이 세 가지 말로, 즉 이런 방법으로 내게 세 개의 하늘이 보여졌다. 나는 '기쁨'으로는 아버지가 기뻐했다는 점을, '지극한 복'으로는 아들이 영광스럽게 되었다는 점을, '끝없는 즐거움'으로는 성령이 [즐거움을 누리게 되었다는 점을] 알게 되었다. 아버지는 기뻐하고, 아들은 영광스럽게 되고, 성령은 즐거움을 누린다.

예수님은 우리가 이땅에서 사는 동안 거룩한 삼위일체 안에 있는 우리의 구원을 위한 지극한 복에 주의를 기울일 것을, 그리고 그분의 은총을 통해서 동일한 즐거움을 누리기를 원하신다. 이것은 그분이 내게 "너는 충분히 만족하느냐?"라고 말씀하실 때 보여졌다. 그리고 그다음에 그리스도가 "만약 네가 만족한다면, 나는 만족한다."라고 말씀하신 것은 그분이 마치 이런 말씀을 한 것인 양 내게 깨달아졌다. '이것은 내게 충분한 기쁨이고 즐거움이며, 나는 나의 수고로 인해 그 어떤 다른 것도 요구하지 않고, 다만 내가 너를 만족시킬 수 있기를 원한다.' 이것이 자비롭고도 완벽하게 나에게 계시되었다.

그러므로, "내가 일찍이 너를 위해 고난을 겪었다."는 말이 얼마나 위대한지 지혜롭게 생각해 보라. 왜냐하면 그 말 안에는 우리의 구원 속에 그분이 가진 사랑과 기쁨에 대한 숭고한 이해가 담겨 있기 때문이다.

제13장

 우리 주님은 매우 흥겹고도 기쁘게 자신의 옆구리를 보았고, 그것을 응시하며 말했다.

 "내가 너를 얼마나 사랑했는지를 보아라."

 그 말은 마치 이렇게 말하는 것과 같았다.

 "나의 아이야, 네가 나의 신성을 바라다볼 수 없다면 나의 옆구리가 찢어지고, 나의 심장이 두개로 쪼개져, 그 안에 있는 모든 피와 물을 흘리도록 내가 어떻게 고통을 겪었는지를 보아라. 그러나 이것이 나에게는 즐거움이고, 그리고 나는 그것이 너에게 있어서도 즐거움이 되기를 원한다."

우리 주님은 우리를 기쁘고 흥겹게 하기 위해 이것을 나에게 보여 주셨다. 그리고 그분은 역시 기쁨에 찬 모습으로 자신의 오른쪽을 내려다보았으며, 내 마음에 우리의 동정녀가 그분이 수난 당하던 시간에 서 있었던 곳을 떠올리게 하셨다.

그리고 그분은 "너는 그녀를 보기 원하는가?"라고 물으셨다.

나는 이렇게 대답했다.

"예, 선하신 주님이여, 그것이 당신의 뜻이라면 [보기 원합니다.] 감사합니다."

나는 종종 이것을 위해 기도했고, 그리고 육체적인 모습을 통해서 보게 되기를 기대했었다.

그러나 나는 그녀를 그렇게 보지 못했다. 예수님은 이렇게 말하면서 그녀에 대한 영적인 현시를 나에게 보여 주셨다. 전에는 작고 순전한 그녀를 보여 주셨다면, 지금 그분은 높고, 존귀하고, 영광스럽고, 그분에게 있어서 모든 피조물보다 더 기쁨이 되는 그녀를 보여 주셨다. 그분은 그분 안에서 기쁨을 누리는 모든 이들이 그녀 안에서, 그리고 그분이 그녀 안에서 갖는 기쁨 안에서, 또한- 그녀가 그분 안에서 갖는 기쁨 안에서 기뿜을 누려야 한다는 것이 알려지기를 원하신다.

예수께서 "네가 그녀 보기를 원하느냐?"라고 말씀하실 때, 그것은 그녀에 대한 영적인 현시를 통해 그분이 나에게 줄 수 있던 가장 큰 즐거움을 내가 가지고 있다는 것처럼 여겨졌다. 실로 우리 주님은 우리의 동정녀 마리아를 제외하고는 어떠한 구체적인 인물을 나에게 보여 주시지 않았으며, 세 가지 사건을 통해 내게 그녀를 보여 주셨다. 첫 번째는 그녀가 잉태했을 때이고, 두 번째는 그녀가 십자가 아래에서 슬픔 속에 있었을 때였고, 세 번째는 그녀가 즐거움과 영예와 기쁨 안에 있는 지금이었다.

그러고 나서, 우리 주님은 자신을 내게 보여 주셨다. 그분은 내가 이전에 보았던 것보다 더 영광스럽게 나타나셨다. 이것을 통해서 나는 그분의 영광스런 모습을 보고 추구하도록 허락된 모든 명상적인 영혼은 마리아를 보게 될 것이며, 또한 명상을 통해 하나님께로 나아가게 될 것이라는 가르침을 받았다.

단순하고 친절하고 기쁨에 가득 찬 이러한 가르침 후에 우리 주님은 거듭거듭 나에게 말씀하셨다.

"나는 가장 높은 존재이다. 나는 네가 사랑하는 그이

다. 나는 네가 기뻐하는 그이다. 나는 네가 섬기는 그이다. 나는 네가 사모하는 그이다. 나는 네가 열망하는 그이다. 나는 네가 목표로 하는 그이다. 나는 모든 것인 그이다. 거룩한 교회가 너에게 설교하고 가르치는 그이다. 나는 이전에 스스로를 너에게 보여 주었던 그이다."

나는 이해와 사랑 안에서 하나님이 그 사람에게 베푸시는 은총에 따라 우리 주님이 의도했던 대로 모든 사람이 그 말들을 받아들이도록 하기 위해서 말들을 그저 되풀이한다.

그러자 우리 주님은 내가 이전에 그분을 위해 지녔던 갈망을 더오르게 하셨다. 나는 죄 외에는 그 어떤 것도 나를 방해하지 못한다는 것을 알았다. 또한 이것이 우리 모두에게 보편적으로 사실이라는 것을 알았다. 그리고 단약 죄가 없었더라면, 우리 모두가 순결하고 그분이 우리를 창조했을 때만큼이나 우리 주님과 같았을 것처럼 보였다. 이전에 나는 종종 우매함 때문에 왜 하나님의 위대하고 전지전능한 지혜를 통해서 죄가 방지되지 않았는가를 의아해했다. 그랬다면 모든 것이 좋았을 것이라고 생각되어졌기 때문이다.

이러한 생각에 대한 충동은 피해야만 하는 것이었다. 이로 인해 결국 나는 사리에 맞지 않게 분별력을 결여한 채 자존심으로 채워져, 눈물 흘리며 슬퍼했다. 그럼에도 불구하고 이 현시를 통해서 예수님은 내게 필요한 모든 것을 알려 주셨다. 나는 더 이상의 가르침이 필요하지 않다고 말하는 것이 아니다. 사실 이것을 보인 후에 우리 주님은 나를 거룩한 교회에 의탁했다. 나는 굶주리고 목마르고 궁핍하고, 죄로 가득 차 있었으며, 또한 연약했다. 그래서 나는 나의 동료 그리스도인들 모두들 가운데서 나의 생명이 끝나는 때까지 거룩한 교회의 가르침에 기꺼이 나 자신을 복종시켜야만 한다.

그분은 "죄는 필연적이다."라는 말로 대답하셨다. '죄'라는 단어 안에서, 우리 주님은 일반적으로 선하지 않은 모든 것을 내 마음에 불러일으켰다.

못된 경멸과 그분이 이 땅에서의 삶과 죽음 가운데서 우리를 위하여 견디셨던 [모든 고통과 수난에] 대한 완전한 거부, 그리고 그분의 모든 피조물들이 영적, 물리적으로 겪는 모든 고통들과 수난들. 사실 우리 모두는 부분적으로 부정되었으며, 우리가 완전히 정결하게 될 때까지, 다시 말해 우리가 우리 자신의 죽어질 육체와 그리고 선하지 않은 우리 모두의 내적인 성정性情들을 완전하게 부정할 때까지 우리 주인이신 예수를 따라 우리는 거부되어야 한다.

그리고 항상 있었고, 그리고 있게 될 모든 고통들 가운데 나는 그리스도의 수난을 가장 위대하고 탁월한 고통으로 이해했고, 이런 것과 함께 내가 위의 현시를 바라보고 있는 것이 즉시 나에게 보여졌고, 그리고 재빨리 위로로 변했다. 왜냐하면 우리의 선하신 주님은 이러한 끔찍한 광경으로 영혼을 위협하지 않으시기 때문이다. 그러나 나는 죄를 보지 못했는데, 왜냐하면 나는 죄가 어떠한 종류의 실체도 없으며, 존재를 공유하지도 못하고, 죄가 야기하는 고통들에 직면하지 않고는 인식될 수도 없다고 믿기 때문이다.

그리고 잠시 동안 이러한 고통이 보였는데, 왜냐하면 죄가 우리를 정결하게 하고 우리가 자기 자신을 알게 하여 자비를 구하게 하기 때문이다. 우리 주님의 수난이 이러한 모든 것에 반하여 우리를 위로하는 것이고, 또한 구원을 받게 될 모든 자들을 위한 그분의 거룩한 뜻이기 때문이다. 그분은 기꺼이 그리고 다정하게 다음과 같은 말로 위로하신다.

"그러나 모든 것이 잘될 것이고, 모든 종류의 것이 좋아질 것이다."

이러한 말들은 나에 대한 또는 구원될 모든 이에 대한 어떤 종류의 비난도 나무람도 없이 매우 애정이 담겨 계시되었다. 그래서 나의 죄들 때문에 하나님을 비난하거나, 그분에게 무정한 것은 나에게 매우 냉혹한 일이 될 것이다. 왜냐하면 그분은 죄 때문에 나를 탓하지 않기 때문이다. 그 결과 나는 내가 그리스도의 수난 때문에 이전에 고통과 연민으로 가득 채워졌던 것과 마찬가지로 이전에 그리스도가 얼마나 우리에게 연민을 갖고 있는지를 죄 때문에 보았다. 그래서 나는 이제 나의 모든 동료 그리스도인들을 위한 연민으로 다소간 채워졌다. 그리고 그때 나는 한 사람이 사랑 안에서 자신의 동료 그리스도인을 위해 품은 모든 종류의 연민은 우리 안에 있는 그리스도라는 것을 보았다.

제14장

 그러나 나는 보편적으로, 진지하게, 그리고 슬픈 마음을 가지고 명상하면서, 매우 큰 두려움으로 우리 주님에 대한 생각 가운데 말하면서 다음과 같은 것에 관해 고찰할 것이다.
 "아, 선하신 주님이여, 죄를 통해 당신의 피조물 안으로 들어온 커다란 해에도 불구하고 어떻게 모든 것이 좋아질 수 있겠습니까?"
 그리고 나는 내가 할 수 있는 한 이 문제에 관해서 나의 마음이 평온해 질 수 있는 좀더 명쾌한 설명을 소망했다. 이에 대하여 우리의 거룩한 주님은 매우 온화하고 애정 어린 태도로 대답하셨다. 그분은 아담의 죄가 지금까지 저질러진 것 중에서 그리고 세상의 끝 날까지 저질러질 것 중에서 가장 커다란 해악이라는 것을 나에게 보여 주셨다. 그리고 이것이 땅 위에 있는 모든 거룩한 교회에 명백하게 알려져 있다는 것 또한 보여 주셨다.

더 나아가 내가 그분의 영광스러운 속죄에 대해 명상해야 한다고 가르쳐 주셨다. 왜냐하면 이러한 속죄는 지금까지 아담의 죄가 해로웠던 것보다 비교할 수 없을 정도로 거룩한 신성을 기쁘게 하며 그리고 인간의 구원에 있어서 더욱 영예로운 것이기 때문이다. 따라서 우리가 속죄에 주의를 기울여야만 하는 것이 이러한 가르침 안에서 거룩한 주님이 의도한 바이다. 내가 가장 큰 해악들을 정리한 이래 이것을 통해서 내가 보다 덜한 온갖 해악들도 바르게 정리할 것임을 여러분이 알아야만 한다는 것이 나의 의도이다.

그분은 나에게 두 가지 부분에 대해 이해하게 해 주셨다. 한 부분은 우리의 구원자와 우리의 구원에 관한 것이다. 이 거룩한 부분은 개방되어 있고 명확하며 공정하고 밝고 풍성하다. 왜냐하면 선한 의지를 가지고 있거나 갖게 될 모든 사람들이 이 영역 안에서 이해될 것이기 때문이다. 우리는 하나님에 의해 이 구원으로 초대되었으며, 내적으로는 성령에 의해, 그리고 외적으로는 동일한 영의 은총을 통해서 거룩한 교회의 인도함과 권고를 받고, 배우게 된다. 우리 주님은 우리가 그분 안에서 즐거워하면서 구원에 몰두하기를 원하시는데, 그분도 우리 안에서 즐거워하기 때문이다.

그리고 우리가 존경과 겸손함을 가지고 더욱 풍성하게 구원을 받아들일수록, 우리는 그분으로부터 더 많은 감사를 받게 될 것이며, 우리 자신을 위해 더 많은 유익을 얻게 될 것이다. 그러므로 우리는 기뻐하며, "우리의 분깃은 우리 주님이시다."라고 말할 것이다.

다른 부분은 우리에게 닫혀 있고 감추어져 있는데, 말하자면 우리의 구원에 부차적인 모든 것을 의미한다. 사실 이것은 우리 주님의 비밀스러운 계획으로서, 그분의 숨은 계획을 평화롭게 간직하는 것이 하나님의 고귀한 다스림에 적절하고, 그분의 계획을 알지 않기를 바라는 것이 복종과 존경 가운데 있는 그분의 백성들에게 합당하기 때문이다.

우리 주님은 우리를 동정하시며 긍휼히 여기신다.

왜냐하면 어떤 피조물들이 스스로 하나님의 숨은 계획을 알고자 하는 데에 매우 몰두해 있기 때문이다. 만약 우리가 얼마나 많이 그분을 기쁘게 해드려야 하는지를 안다면, 또한 그 숨은 계획을 알려고 하지 않고 그대로 남겨둠으로써 우리가 얼마나 우리 자신을 편안하게 할 수 있는지를 안다면, 우리는 그렇게 할 수밖에 없을 것이다. 하늘에 있는 성인들은 우리 주님이 그들에게 보여 주기를 원하는 것 외에는 아무것도 알기를 원하지 않고, 더욱이 그들의 사랑과 열망은 우리 주님의 의지에 따라 다스려진다. 그러므로 우리는 그들과 같이 되기를 바라야만 한다. 그때 우리는 우리 주님의 뜻 외에는 그 어떤 것도 바라거나 갈망하지 않게 될 것인데, 우리 모두는 하나님의 의도 안에서 하나이기 때문이다.

그리고 이 안에서 나는 우리가 우리의 거룩한 구원자인 예수 안에서만 기뻐하게 될 것이고, 그리고 모든 것에 있어서 그분을 신뢰할 것이라는 가르침을 받았다.

제15장

내가 제기할 수 있는 모든 질문과 의심들에 대해 우리의 선하신 주님은 다음과 같은 말씀으로 가장 큰 위로를 주며 대답하셨다.

"나는 반드시 모든 것들이 잘되게 만들 것이고, 나는 당연히 모든 것이 좋아지도록 만들 것이다. 나는 모든 것들을 좋게 만들어도 되고, 좋게 만들 수 있다. 모든 것이 잘될 것임을 너 스스로 보게 될 것이다."

그분이 '그렇게 해도 된다(may)'라고 말씀하실 때, 나는 이것을 하나님 아버지에게 적용되는 것으로 이해한다. 그리고 그분이 '할 수 있다(can)'라고 말씀하실 때, 나는 이것을 아들에게 적용되는 것으로 이해하고, '나는 반드시 할 것이다(I will)'라고 말할 때, 나는 이것을 성령에 적용되는 것으로 이해한다. 그리고 그분이 '내가 하게 할 것이다(I shall)'라고 말할 때, 나는 이것을 하나의 진리 안에 있는 세 위격들인 거룩한 삼위일체의 일치에 적용되는 것으로 이해한다. 그리고 그분이 '너 스스로 보게 될 것이다'라고 말씀하실 때, 나는 이것을, 거룩한 삼위일체 안에서 구원받게 될 모든 사람의 연합에 적용되는 것으로 이해한다.

그리고 이러한 다섯 마디의 말 속에서, 하나님은 우리가 안식과 평강에 감싸여 있기를 원하신다. 그리스도의 영적인 목마름은 그렇게 하나의 목적을 가지고 있다. 왜냐하면 그분의 영적인 목마름은 사랑 안에서의 그분의 열망이기 때문이고, 그것은 우리가 심판의 날에 그분을 보게 될 때까지 지속되고, 항상 그럴 것이기 때문이다. 실로 구원받을 우리, 그리고 그리스도의 기쁨과 지극한 복이 될 우리는 여전히 여기에 있고, 그리고 그날까지 있을 것이다. 그러므로 지금은 그분이 그때 그렇게 할 만큼 온전하게, 그분 자신 안에 우리를 소유하지 않는다는 점에서 그분의 목마름은 곧 그분의 기쁨의 미완성이다.

이 모든 것은 그분의 연민의 계시로서 나에게 보여졌는데, 왜냐하면 심판의 날에 그것은 중단될 것이기 때문이다. 그래서 그분은 우리를 불쌍히 여기고 우리에게 연민을 품으며, 우리를 소유하기를 간절히 바라신다. 그러나 그분의 지혜와 사랑은 가장 좋은 시간이 이를 때까지 끝이 오기를 허락하지 않는다. 그리고 이전에 말했던 이러한 동일한 다섯 마디의 말들 중에 그분은 '나는 모든 것을 좋게 만들 수 있다'라고 말씀하셨다.

나는 여전히 진행되고 있는 우리 주님의 모든 행위들로부터 강력한 위로를 깨닫는다. 왜냐하면 거룩한 삼위일체가 모든 것을 무로부터 창조한 것과 같이 바로 그 거룩한 삼위일체는 좋지 않은 모든 것들을 좋게 만드실 것이기 때문이다. 우리가 그분이 행한 모든 행위들에 매우 주의를 기울이는 것이 하나님의 뜻이다. 그리함으로써 앞으로 그분이 행하실 모든 일을 우리가 알기 원하시기 때문이다.

그리고 그분은 "너는 모든 것이 잘될 것임을 너 스스로 보게 될 것이다."라고 내게 그것을 계시해 주었다. 나는 이것을 두 가지 방법으로 이해한다. 하나는, 내가 지금 그것을 모른다는 사실에 만족한다는 것이다. 그리고 다른 하나는 시간이 흐르면 내가 그것을 알게 될 것이기 때문에 내가 기쁘고 유쾌하다는 것이다. 모든 것이 잘될 것임을 우리가 보편적으로 알아야만 하는 것이 하나님의 뜻이다. 그러나 현재 우리에게 들어맞는 것을 제외하고 우리가 지금 그것을 알아야만 한다는 것은 하나님의 뜻이 아니다. 그리고 이러한 것이 거룩한 교회가 가르치는 바다.

제16장

 하나님은 거룩한 교회의 설교와 가르침을 확고하고 겸손하게 그리고 공경하는 자세로 받아들이는 모든 남자와 여자들을 매우 기뻐하심을 내게 보여 주셨는데, 왜냐하면 그분이 거룩한 교회이기 때문이다. 실로 그분은 기초이고, 실체이며, 가르침이고, 교사이시다. 또한 그분은 마지막이며, 모든 신실한 영혼들이 수고하는 것에 대한 보응이다. 그분은 성령이 이것을 선포하는 모든 영혼에게 알려졌고, 알려질 것이다. 나는 이러한 방법으로 추구하는 모든 이들이 잘되리라고 확신하는데, 왜냐하면 그들은 하나님을 추구하기 때문이다.

　내가 지금까지 말한 모든 것과 내가 현재 말하고자 하는 것들은 죄에 대한 위로이다. 왜냐하면 이루어진 모든 것은 하나님이 하셨다는 것을 내가 처음으로 보았을 때, 나는 죄를 보지 못했고, 그러고 나서 모든 것이 좋다는 것을 보았기 때문이다. 그러나 하나님이 나에게 죄를 보여주었을 때, 바로 그때, 그분은 "모든 것이 잘 될 것이다"라고 말하였다.

　그리고 전능하신 하나님이 나에게 그분의 선하심을 그렇게 풍부하고 온전하게 보여 주셨을 때, 나는 내가 사랑했던 어떤 사람에 관해 그녀의 미래가 어떻게 될 것인지를 알 원했다. 그러나 이것을 원함으로써 나 스스로를 방해했는데, 나는 그때 이것에 대해 듣지 못했기 때문이다. 그러고나서 나는 나의 사고 안에서 다정한 사람이 말하는 것과 같은 대답을 받았다.

　"그것을 보편적으로 받아들이고, 그분이 그것을 너에게 보여 줄 때 우리 주 하나님의 자비로우심을 명상해라, 왜냐하면 어떤 하나의 구체적인 것 안에서보다는 모든 것 안에서 그분을 명상하는 것이 하나님께 더 영광이 되기 때문이다."

나는 동의했고, 그리고 그것으로 인해, 어떤 구체적인 것 안에서 즐거움을 누리는 것보다는 보편적으로 모든 것을 아는 것이 하나님께 더 영광이 된다는 것을 배웠다. 그리고 내가 만일 이러한 가르침에 따라 지혜롭게 행동을 한다면, 나는 어떤 특별한 것 때문에 기뻐하지도 않을 것이며, 또는 다른 어떤 것 때문에도 전혀 의기소침하지 않을 것이다. 왜냐하면 모든 것이 잘될 것이기 때문이다.

  하나님은 내가 죄를 지어야 한다는 것을 나의 마음에 상기시키셨다. 그러나 내가 그분을 명상하면서 누린 즐거움 때문에, 이 계시에 즉시 주의를 기울이지 못했다. 우리 주님은 정말 자비롭게도 내가 주의를 기울일 준비가 될 때까지 기다리셨고, 그리고 나서 우리 주님은 나의 죄들과 함께 나의 모든 그리스도인 벗들, 일반적으로 말해 모든 이들, 특별히 그 누구도 아닌 이들의 죄들을 나의 마음에 상기시켜 주셨다.

제17장

 비록 우리 주님이 내가 죄를 지어야만 한다는 것을 내게 계시하셨음에도 불구하고, 나는 모든 것이 오직 나에게만 적용된다고 이해했다. 이것을 통해서 내가 약간의 두려움을 느끼자, 이에 대한 대답으로 주님은 말씀하셨다.

 "나는 너를 매우 안전하게 보호한다."

 이것은 내가 말할 수 있거나 말해도 되는 것보다 더 큰 사랑과 확신, 즉 내 영혼의 안전에 대한 사랑과 확신으로 들렸다.

 왜냐하면 먼저 내가 죄를 지어야만 한다는 것이 계

시된 것처럼. 위로가 즉 나의 모든 동료 그리스도인들의 보호에 대한 확신이 나에게 계시되었기 때문이다. 하나님 안에서 그분이 구원할 모든 사람을, 그들 모두가 다 하나의 영혼인 양 사랑하신다는 것을 보는 것 외에 그 무엇이 내가 모든 동료 그리스도인들을 더 사랑하도록 만들겠는가?

구원을 받게 될 각각의 영혼 안에는 죄에 결코 동의하지 않았고, 앞으로도 하지 않을 선한 의지가 있다. 왜냐하면 우리의 더 낮은 부분에 어떤 선도 바랄 수 없는 동물적인 본능이 있듯이, 우리의 더 높은 부분에는 어떠한 악도 의도할 수 없고, 거룩한 삼위일체의 위격들과 같이 항상 선을 추구하는 선한 의지가 있기 때문이다. 우리 주님은 그분의 사랑의 완전함 안에서 우리가 그분의 시야 안에 서 있는 것을, 그리고 우리가 그곳, 즉 그분의 거룩한 면전에 있게 될 때 우리를 사랑하시는 만큼 지금 여기 있는 동안에도 우리를 사랑하심을 나에게 보여 주셨다.

하나님은 죄가 인간의 수치가 아니고 영예라는 것을 나에게 또한 보여 주셨는데, 이러한 현시 안에서 나의 이해는 하늘을 향해 들어 올려졌기 때문이다. 그때 나의 마음에 진정으로 다윗, 베드로, 바울, 그리고 인도의 도마와 막달라 마리아가 그들의 죄로 인해 어떻게 이 땅의 교회에 그들의 영예를 드러냈는지를 떠올렸다. 죄를 지었다는 것이 그들에게는 수치가 아니었다. 천상의 지극한 복 안에 수치라는 것은 더 이상 존재하지 않는다. 왜냐하면 거기에서 죄의 표지標識들은 영예로 변하기 때문이다. 바로 그렇게 우리 주님은 내게 천국에 올 모든 이들의 본보기로서 그들을 보여 주셨다.

죄는 선택 받은 영혼이 맞을 수 있는 가장 예리한 채찍이고, 이러한 채찍은 모든 남녀를 거세게 쳐서 파괴시킨다. 그래서 그들은 자신이 보기에도 너무나 비열하게 되어서 자신이 지옥에 떨어지는 것 외에는 어느 것에도 적합하지 않은 듯 보인다. 그러나 성령의 영감으로 그들이 참회에 사로잡힐 때, 성령은 그 쓰라림을 하나님의 자비에 대한 소망으로 변화시키신다. 그리고 그때 상처들은 치유되기 시작하고 영혼은 거룩한 교회의 생명으로 회복되어 소생하기 시작한다. 성령은 그 사람이 커다란 애통함과 수치심을 느끼며 하나님의 거룩한 이미지를 그토록 더럽힌 그의 죄를 기꺼이, 숨김없이, 그리고 진실되게 고백하도록 이끄신다. 그때 그는 그의 고해 신부가 부과한 모든 죄에 대한 속죄 행위를 받아들이는데, 왜냐하면 속죄 행위는 성령의 가르침에 따라 거룩한 교회 안에 세워졌기 때문이다.

죄로 가득 찬 모든 영혼은 특별히 그에게 치명적인 죄들로부터 이러한 [영혼의] 약으로 치유되어야 한다. 비록 그가 치유를 받아야만 하더라도, 그의 상처들은 하나님께 상처로 보이는 것이 아니라 영예로 보인다. 여기에서 죄가 슬픔과 참회로 처벌받는 것과는 대조적인 방식으로, 천상에서는 우리 전능하신 주 하나님의 자애로운 사랑에 의해 보상 받을 것이니, 그분은 거기에 오는 누구나가 그 자신의 수고를 잃기 원하지 않는다.

우리가 거기서 받게 될 상은 작지 않을 것이다. 그것은 높고, 영광스럽고, 명예로울 것이다. 그리고 모든 수치는 영예와 큰 기쁨으로 변하게 될 것이다. 나는 나 자신이 느끼는 바에 따라서 모든 사랑하는 영혼들이 하나님의 온화하고 자애로운 사랑 안에서 이것을 깨달으면 깨달을수록 죄를 더욱 미워할 것임을 확신한다.

제18장

 그러나 만약 네가 "이것이 사실이기 때문에 더 많은 상을 받기 위해 죄를 짓는 것도 좋을 것이다"라고 말하거나 생각하도록 마음이 움직인다면, 이러한 충동을 경계하고 멸시해야 한다. 이 충동은 악한 영으로부터 온 것이기 때문이다. 이러한 충동에 고의적으로 찬성하는 어떠한 영혼도 그가 죽을 만한 죄에서와 마찬가지로 사면을 받게 될 때까지는 구원을 얻을 수 없다.
 만약 내 앞에 지옥과 연옥의 모든 고통, 그리고 이 땅의 죽음과 다른 괴로움들과 함께 죄가 놓여져 있다면, 나는 죄보다는 차라리 그러한 모든 고통을 택할 것이다. 왜냐하면 죄는 너무나도 악하고 증오해야만 하는 것이어서 죄가 아닌 어떤 고통과도 비교할 수 없기 때문이다. 실로 죄를 제외하고는 모든 것이 선하고, 그리고 죄를 제외하고는 그 어떤 것도 악하지 않다. 죄는 죽음도 아니고 즐거움도 아니다. 한 영혼이 의도적으로 죄를 선택하면 죄는 그를 다스리는 고통이 되고, 결국 그는 아무것도 가지지 못하게 된다. 나에게 그러한 고통은 가장 비참한 지옥처럼 보이는데, 왜냐하면 그 영혼 안에 하나님이 없기 때문이다. 영혼은 모든 고통 속에서 하나님을 소유할 수 있다. 그러나 죄 안에서는 소유할 수 없다.

인간을 구원하고자 하는 하나님의 의지는 구원을 위한 그분의 능력과 지혜만큼이나 위대하다. 그리스도는 그리스도인들이 가진 모든 법의 기초이다. 그리고 그분은 우리가 악에 맞서서 선을 행하도록 가르쳐 오셨다. 여기에서 우리는 그분 자신이 이러한 사랑이고, 또한 그가 우리에게 하도록 가르치는 대로, 그분 자신이 우리에게 행하심을 볼 수 있다. 왜냐하면 그분은 우리 자신들을 위한, 그리고 우리 동료 그리스도인들을 위한 불멸하는 사랑의 일치 안에서 우리가 당신과 같이 되기를 바라시기 때문이다.

　우리를 위한 그분의 사랑이 우리의 죄 때문에 임하는 것과 마찬가지로 그분은 우리가 우리 자신과 동료 그리스도인들을 위한 사랑을 품기를 원하신다. 우리는 죄를 철저하게 미워해야만 한다. 그러나 하나님이 사람을 사랑하시는 것처럼, 끝없이 영혼들을 사랑해야만 한다. 왜냐하면 하나님이 말씀하신 그것이 계속해서 우리에게 힘을 주고, 또한 우리를 매우 안전하게 보호하기 때문이다.

제19장

 이 후에 우리 주님은 나에게 기도에 관해 계시해 주셨다. 나는 기도하는 자들 안에 있는 두 가지 상태를 나 자신이 느낀 바에 따라 보았다. 하나는 그들이 하나님의 뜻과 그분의 영광을 위한 것을 제외하고는 그 어떤 것을 위해서도 기도하지 않는다는 것이다. 다른 하나는 그들이 항상 그리고 그들의 모든 힘을 다해 그분의 뜻과 그분의 영광을 위한 것을 간구하기 위해 전념한다는 것이다. 이것이 내가 거룩한 교회의 가르침으로부터 이해한 것이다.

 또한 이것을 통해 우리 주님은, 우리가 생명이 끝나

는 날까지 우리 자신을 보존하도록 만들기 위해서 믿음, 소망, 그리고 사랑을 하나님으로부터 온 선물로서 받아들이도록 나에게 지금 가르친 것이다. 우리는 하나님이 우리에게 주실 그러한 신앙심으로 '나는 믿나니', '우리의 하나님 아버지', '은총이 가득한 마리아를'이라고 말한다. 그러므로 우리는 하나님이 바라는 대로 우리의 모든 동료 그리스도인들과 모든 종류의 사람을 위해 기도한다. 왜냐하면 모든 종류의 남자와 여자가 우리가 우리 자신을 위해 소원해야만 하는 것과 동일한 상태의 덕과 은총 안에 있게 되는 것이 우리의 소원이기 때문이다.

그러나 이 모든 것 안에서 여전히, 우리의 신뢰는 종종 완전하지 못하기도 하다. 그것은 우리의 무가치함으로 인해, 혹은 우리가 아무것도 느끼지 못함으로 인해 전능하신 하나님이 우리 기도를 들으시리라고 우리가 확신하지 못하기 때문이다. 실로 우리는 종종 기도한 후에도 기도하기 전만큼이나 척박하고 건조하다. 따라서 우리가 그렇게 느낄 때 그런 연약함의 원인은 바로 우리의 어리석음이다. 왜냐하면 나는 이것을 나 자신 안에서 경험했기 때문이다.

우리 주님은 이 모든 것을 갑자기 내 마음속에 불어 넣어 주셨고, 그리고 기도함에 있어서 이러한 종류의 연약함과 투쟁하도록 커다란 힘과 생명력을 주셨다.

그분은 말씀하셨다.

"나는 네 간구의 초석이다. 첫째 네가 그것을 소유하는 것이 나의 의지이고, 그러므로 나는 네가 그것을 바라게 할 것이며, 또한 네가 그것을 간구하도록 만든다. 만약 네가 간구한다면, 어떻게 간구한 것을 받지 못하겠는가?"

첫 번째 말씀과 그다음에 오는 세 가지 말씀을 통해 우리 주님은 엄청난 격려를 드러내 주셨다.

첫째로 그분은 우리가 간절히 구한다면, 그분의 커다란 기쁨과, 그리고 우리의 간구에 따라 우리에게 줄 영원한 상을 보여 주신다고 하셨다. 그리고 네 번째로 그분은 "어떻게 네가 간구한 것을 받지 못하겠는가?"라고 말씀하셨다. [이 말을 통해] 그분은 진지한 책망을 전하고 있는데, 왜냐하면 우리에게 필요한 강한 신뢰가 우리에게 없기 때문이다. 그래서 우리 주님은 우리가 기도하고 동시에 신뢰하기를 원하신다. 내가 반복해서 말하고 있는 논리들은 우리의 기도 가운데 일어나는 연약함에 대항해서 우리의 힘을 돋우기 위해 주어졌다. 실로 우리가 기도하는 것이 하나님의 뜻이며, 그분은 내가 전한 이러한 말 속에서 그렇게 하도록 우리의 마음을 움직인다. 왜냐하면 기도가 하나님을 기쁘시게 하므로 그분은 우리가 우리의 기도들이 응답된다는 것을 확신하기 원하시기 때문이다.

기도는 기도하는 사람이 그분과 함께 기뻐하도록 만들고, 그리고 기도하기 전에는 그분에게 맞서서 논쟁하고 대립하던 사람을 진지하고 겸손하게 만든다. 기도는 영혼을 하나님과 결합시키는데, 비록 영혼이 본성과 실체에 있어서 항상 하나님과 같을 수도 있지만, 인간의 죄로 인해 영혼의 상태에 있어서는 종종 그분과 같지 않기 때문이다. 영혼의 의지가 하나님의 의지와 같을 때 기도는 영혼을 하나님과 같이 만든다. 그때 본성에서 그러하듯이 영혼의 상태에 있어서도 하나님을 닮는다. 그리하여 그분은 우리가 기도해야 함을 가르치고, 또한 우리가 간구하는 그것을 우리가 반드시 받게 될 것이라는 확고한 믿음을 가지라고 가르치신다. 비록 우리가 그것을 위해 전혀 기도한 적이 없다 하더라도 이루어진 모든 것은 이루어져 왔기 때문이다.

그러나 하나님의 사랑은 너무나 커서 그분은 우리를 그의 선한 일에 동역자로 간주한다. 그래서 그분은 그분이 기쁘게 행하고자 하는 그 일을 위해 기도하도록 우리의 마음을 움직이시는데, 왜냐하면 그분의 선물로서 우리에게 주어지는 기도나 선한 열망들에 대해 그분은 반드시 그것들에 맞갖는 것을 우리에게 주실 것이고, 그리고 우리에게 영원한 상을 주실 것이기 때문이다. 이것은 그분이 "네가 만약 그것을 간절히 구한다면"이라고 하셨을 때 나에게 계시되었다.

이러한 말을 통해 하나님은 나에게 당신의 커다란 만족과 즐거움을 보여 주셨는데, 그것을 행한 이가 그분이었음에도 마치 우리가 하는 각각의 선한 행위들에 대해 그분이 우리에게 상당히 신세를 지고 있는 것과 같이 보였다. 그러므로 우리는 그분이 마치 "내가 나의 뜻을 행하도록 네가 진심으로, 지혜롭게, 그리고 성실하게 간구하는 것말고 네가 어떻게 나를 더 기쁘게 할 수 있겠느냐?"라고 말씀하듯이 그분이 당신 스스로에게 기쁜 일을 하도록 열심히 기도한다.

그래서 기도는 하나님과 인간의 영혼 사이에 조화를

만든다. 인간이 하나님과 편한 관계가 되면 그는 기도를 할 필요가 없이 다만 하나님이 말한 그것들을 공경하는 자세로 명상하기만 하면 된다. 그래서 이것이 나에게 계시되던 모든 시간 동안 나는 기도하도록 마음이 움직여지지 않았다. 다만 내가 받은 힘을 통해 그분으로부터 오는 선을 내 마음에 항상 간직하도록 마음이 움직여졌다. 왜냐하면 우리가 하나님을 볼 때 우리는 우리가 갈망하는 그것을 갖게 되고, 따라서 우리는 기도할 필요가 없기 때문이다. 그러나 우리가 하나님을 보지 못할 때 우리는 기도할 필요가 있다. 왜냐하면 우리는 실패하고 있기에 예수에게 우리 자신을 격려하도록 기도할 필요가 있기 때문이다.

실로 한 영혼이 유혹을 받고, 괴롭힘을 당하고, 그리고 마음대로 하도록 그 자신의 불안 속에 방치되는 때는 기도하고, 자신을 단순하게 하고, 하나님에게 복종하도록 만들어야 한다. 영혼이 순종적이지 않은 한, 그 어떤 종류의 기도도 하나님이 그 기도를 따라 응답하시도록 만들지 못한다. 왜냐하면 하나님의 사랑은 변하지 않지만, 죄 가운데 있는 동안 인간은 몹시 약하고, 어리석고, 어떤 사랑도 품고 있지 않아서 결국 그는 하나님이나 자기 자신을 사랑할 수가 없기 때문이다.

그의 가장 큰 해(害)는 그의 맹목성인데, 왜냐하면 그가 이 모든 것을 보지 못하기 때문이다. 그때 결코 변하지 않는 전능하신 하나님의 완전한 사랑은 그에게 그 자신을 볼 수 있게 해 준다. 그러고 나면 그는 하나님이 그의 죄 때문에 그에게 화를 낼지도 모른다고 믿는다. 마침내 하나님의 분노를 누그러뜨릴 고백과 다른 선한 행위들을 통해 그가 영혼의 안식과 양심의 편안함을 발견할 때까지 참회를 하도록 그는 감동을 받는다.

그러고 나면 그는 하나님이 그의 죄를 용서해 준 것과 같이 느끼는데, 정말 그렇다. 그때 그 영혼은 하나님이 그를 바라보시도록 감동된 것처럼 느낀다. 마치 그가 고통 중에 있거나 감옥 안에 있었기라도 한듯이, 하나님은 "네가 안식을 찾았기 때문에 나는 기쁘다. 실로 나는 항상 너를 사랑해 왔고, 지금도 사랑하고 있고, 또한 너도 나를 사랑한다."라고 말씀하신다. 따라서, 내가 앞서 언급했듯이 거룩한 교회가 우리에게 실천하도록 가르친 다른 선한 일들과 함께 기도를 통해 영혼은 하나님과 하나가 된다.

제20장

　이전에 나는 종종 내가 이 세상과 이 세상의 삶을 떠나서 옮겨지는 하나님의 선물을 사모하고 갈망했는데, 왜냐하면 나의 하나님과 같이 있어 영원히 그 안에서 살기를 소망했기 때문이다. 종종 나는 이 땅에 있는 고뇌와 하늘에 있는 선하고 복된 삶을 보았다. 만약 이 세상에 우리 주 하나님의 부재 외에 다른 고통이 없었다면, 그것은 내가 견딜 수 있는 정도를 넘어선 것일 것이라고 때로 느껴졌다. 이것은 나를 슬프게 하고 또 열심히 갈망하게 했다.

　그때 하나님은 나의 끈기와 인내력에 대해 이렇게

말씀하셨다.

"너는 네 모든 고통과 네 모든 불안과 네 모든 고뇌에서 떠나 갑자기 이끌릴 것이다. 그리고 너는 위로 올라와 상으로 나를 소유하게 될 것이다. 너는 기쁨과 지극한 복으로 가득 차게 될 것이다. 그리고 어떤 종류의 고통이나, 어떤 종류의 질병, 어떤 종류의 불쾌함, 어떤 종류의 실망도 있지 않을 것이며, 항상 끝없는 기쁨과 지극한 복을 누리게 될 것이다. 그것이 나의 의지이고 또한 나의 영광을 위한 것이니, 그렇다면 잠시 동안 견디는 것이 왜 너를 슬프게 하겠느냐?"

"네가 갑자기 이끌릴 것이다"라고 하나님이 내게 말할 때, 나는 그분의 때를 기다린 사람들의 인내에 그분이 어떻게 보상하는가, 그리고 죽을 때가 언제 올는지 알지 못하는 사람들이 어떻게 인생 내내 견디는 인내를 갖게 되는가를 보았다. 이것은 매우 유익한 것인데, 왜냐하면 만약 사람들이 그것이 언제 일어날지를 안다면, 그들의 인내에 한계를 정했을 것이기 때문이다. 그러할진대, 영혼이 육체 가운데 있는 한, 인간에게 언제나 그 자신은 이끌릴 순간에 있는 것처럼 보여야만 하는 것이 바로 하나님의 뜻이다. 왜냐하면 이 모든 삶, 그리고 우리가 여기서 소망하는 모든 것들은 단지 시간의 한 순간이기 때문이다. 또한 우리가 홀연히 고통으로부터 지극한 복으로 이끌릴 때, 모든 것은 아무것도 아니기 때문이다.

그러므로 우리 주님은 말씀하셨다.

"그것이 나의 의지이고 나의 영광을 위한 것이니, 그렇다면 잠시 동안 견디는 것이 왜 너를 슬프게 하겠느냐?"

우리가 그분의 명령과 위로를 할 수 있는 한 관대하게 그리고 완전히 받아들이는 것이 하나님의 뜻이다. 그리고 그분은 우리가 늦어짐과 우리의 고통을 할 수 있는 한 가볍게 받아들이고, 또한 그것들을 아무것도 아닌 것으로 간주하기를 원하신다. 우리가 그것들을 가볍게 받아들일수록, 우리의 사랑 때문에 우리가 그것들을 덜 중요하게 여길수록 우리는 고통을 덜 경험할 것이고, 그리고 그것들에 대해 더 많이 감사하게 될 것이다.

이러한 거룩한 계시 안에서 나는 살아 있는 동안 자발적으로 하나님을 선택한 모든 남자나 여자는 그 자신이 또한 선택받았다는 것을 진실로 확신할 수 있다고 깨닫게 되었다. 여기에 참된 주의를 기울이라. 왜냐하면 우리가 하늘에 있을 때 확신하게 될 만큼 우리가 이 땅에 있는 동안에도 하늘의 지극한 복을 소유하고 있다는 신뢰 속에서 확고하게 되는 것이 진정한 하나님의 뜻이기 때문이다. 우리가 이러한 확실성으로부터 공경과 겸손을 가지고 더 많은 기쁨과 즐거움을 받아들일수록, 하나님은 더욱더 기뻐하신다. 만약 나 외에는 구원받을 사람이 아무도 없었다고 하더라도 하나님은 나를 위해 했던 모든 것을 하셨을 것이라고 나는 확신한다.

따라서 모든 영혼은, 자신을 사랑하는 분이 누구인지를 인식하면서, 만약 할 수 있다면 피조물의 안식을 잊고 지내면서, 하나님이 개개인을 위해 모든 것을 이루었음을 생각해야만 한다. 그리고 이것이 결국은 영혼이 그분을 사랑하도록, 그분을 즐거워하도록 그리고 그분 외에는 어떠한 것도 두려워하지 않도록 하는 것처럼 보였다. 왜냐하면 우리의 적이 가진 모든 능력이 우리의 벗되신 분의 손 안에 갇힌 것과 같음을 우리가 아는 것이 그분의 뜻이기 때문이다. 그러므로 이것을 확실히 아는 영혼은 그가 사랑하는 분 외에 아무것도 두려워하지 않을 것이며, 다른 모든 두려움을 그가 감당해야만 하는 고통들과 신체적인 질병들 그리고 망상들로 간주할 것이다.

따라서, 어떤 사람이 극심한 고통과 비참과 불안 가운데 있어서 오직 그가 처한 상태나 그가 느끼는 것 외에는 아무것도 생각할 수 없다면, 그가 가능한 한 빨리 그것을 가볍게 넘겨 버리도록 하고, 그것이 아무것도 아닌 것처럼 여기게 하라. 왜 그래야 하는가? 왜냐하면 하나님은 당신이 알려지기를 원하시기 때문이고, 또한 우리가 그분을 알고 사랑한다면 우리는 인내심을 가져야 하고, 큰 안식 가운데 있어야 하고, 그러면 그분이 행하는 모든 것이 우리에게는 즐거움이 될 것이기 때문이다. 우리 주님은 "그것이 나의 의지이고 나의 영광을 위한 것이니, 그렇다면 잠시 동안 견디는 것이 왜 너를 슬프게 하겠느냐?" 하시면서 이것을 나에게 계시해 주었다. 이것이 우리 주님이 그날 내게 계시해 주신 전부다.

제21장

 이 후에 나는 곧 '나'라는 비참한 피조물로서 살아야만 한다는 것을 이해하면서 나 자신에게로, 그리고 내가 겪는 육체의 질병에로 다시 내려오게 되었다. 그때 나는 내가 느끼는 육체의 고통들 때문에 비통해하고 한탄했으며, 또한 내가 계속해서 살아야만 한다는 것이 얼마나 진저리나는 것인지를 생각했다. 그리고 내가 이전에 받았던 위로가 사소한 것인 양 나는 황량하고 메마르게 되었는데, 왜냐하면 나의 고통이 다시 느껴졌고 내 영적인 지각이 실패했기 때문이다.

 그 무렵 한 신앙심이 깊은 사람이 와서 내가 어떠했

는지를 물어서 그날 내가 정신이 나갔었다고 말했더니 그는 크고 호탕하게 웃었다.

"내 침대의 발치에 세워져 있던 십자가가 엄청나게 피를 흘렸습니다."

내가 이렇게 말하자, 이 말을 들은 그 성직자는 매우 심각해졌고 놀라워했다. 나는 즉시 경솔함에 대하여 매우 부끄럽게 여기면서 생각했다.

"이 사람은 내가 할 수 있는 모든 말들을 심각하게 받아들이고, 아무 대답도 하지 않는구나."

그리고 그가 내 말을 매우 신중하게 또한 존중하는 태도로 대하는 것을 보았을 때, 나는 매우 부끄러웠으며, 그 사실을 고백하기 원했다. 그러나 나는 그것을 어떤 사제에게도 말할 수 없었는데, 왜냐하면 '어떻게 사제가 나를 믿을 수 있을까?'라고 생각했기 때문이다. 나는 우리 주 하나님을 신뢰하지 않았던 것이다. 나는 내가 그분을 보았을 때, 그것을 진심으로 믿었다. 그리고 그렇게 영원히 믿는 것이 그때 나의 뜻이었고 나의 의지였다. 그러나 바보같이 나는 그것이 내 마음에서 지나가게 했다.

내가 얼마나 비참한 피조물인지 보라! 그것은 대죄

이며 배은망덕이다. 나는 내가 느낀 그처럼 작은 신체적인 고통 때문에 우리 하나님에게서 온 이러한 모든 거룩한 계시가 갖는 힘을 그렇게 경솔하게 내던질 만큼 어리석었다. 여기서 당신은 내가 본질적으로 어떤 사람인지를 볼 수 있다. 그러나 우리의 자애로운 주님은 나를 그렇게 내버려 두지 않으실 것이다. 나는 그분의 자비를 믿으면서 밤중까지 계속 누워 있었으며, 마침내 잠들기 시작했다.

내가 잠들자마자, 악마가 나의 목구멍을 덮치고 질식시키려고 했으나, 그렇게 할 수 없는 것처럼 보였다. 그리고 나는 살아 있다기보다는 거의 죽은 것처럼 깨어났다. 나와 함께 있던 사람들이 나를 지켜 보았고 내 관자놀이를 적셨는데, 그때 나의 심장은 힘을 얻기 시작했다.

그때 소량의 연기가 뜨거운 열과 고약한 악취를 풍기면서 문을 지나 들어왔다. 나는 "주님은 복되시도다! 여기에 있는 모든 것이 불타고 있는가?"라고 말했다. 그리고 나는 그것이 진짜 불이어서 우리 모두를 태워 죽일 것이라고 생각했다. 나는 나와 같이 있던 사람들에게 그들도 어떤 냄새를 알아챘는지 물었다. 그들은 아니라고 대답했다. 나는 "하나님은 복되시도다!"라고 말했다.

그때 나는 그것이 나를 공격하기 위해 왔던 악마였다는 것을 알았기 때문이다. 그리고 나는 즉각적으로 우리 주님이 그날 나에게 계시해 주신 모든 것과 거룩한 교회의 모든 믿음에 동의했는데, 왜냐하면 그 둘이 하나가 된다고 생각했기 때문이다. 그리고 나는 나의 힘의 근원으로 가는 것처럼 그날의 계시와 거룩한 교회의 가르침을 떠올렸다. 그러자마자 모든 것이 사라졌고, 나는, 육체의 병이나 양심의 두려움 없이 휴식과 평강을 누릴 수 있었다.

제22장

그러나 나는 여전히 깨어서 누워 있었는데, 그때 우리 주님은 나의 영적인 눈을 열어서 나의 가슴 한복판에 있는 내 영혼을 보여 주셨다. 나는 왕국만큼 넓은 나의 영혼을 보았고, 내가 안에서 보았던 상태로 미루어 볼 때, 그 왕국은 아주 좋은 도시처럼 보였다. 이 도시의 한가운데에는 우리의 주 예수, 참된 하나님이요 참된 인간인 분, 잘생기고 키가 크고 존귀하며 가장 위대한 주님이 앉아 계신다. 그리고 나는 그분이 영광 가운데서 찬란하게 옷 입고 계신 것을 보았다. 그분은 영혼 안 그곳에서 평강과 안식 가운데 곧게 앉아, 하늘과

땅과 존재하는 모든 것을 다스리고 보호하신다. 인성과 신성이 평온하게 자리잡고 있고, 신성이 도구나 애씀이 없이 다스리고 보호한다. 그리고 나의 영혼은 신성神性, 즉 주권자의 능력, 주권자의 지혜, 주권자의 선으로 가득 차 행복하게 있다.

예수 그분이 우리의 영혼 안에서 취한 그곳을 그분은 결코 더이상 비우지 않을 것인데, 왜냐하면 그분의 최고의 집은 우리 안에 있으며, 그리고 거기에 거하는 것이 그분의 가장 큰 즐거움이기 때문이다. 이 즐겁고 평화스러운 광경은 진리 안에서 영원토록 그러할 것이다. 세상에 살아 있는 동안 우리가 그것을 명상하는 것은 하나님에게 가장 큰 기쁜 일이며 우리에게는 매우 큰 유익이다. 그리고 그렇게 명상하는 영혼은 그가 명상을 하는 그분과 비슷하게 되고, 안식과 평강 안에서 그분과 연합된다. 내가 그분이 앉아 계신 것을 본 것은 나에게 특별한 기쁨이고 지극한 복이었는데, 왜냐하면 그분이 앉아 계신 것에 대한 명상은, 그분이 우리 가운데 영원히 거할 것이라는 확신을 나에게 계시해 주었기 때문이다.

그리고 나에게 그 모든 것을 계시해 주신 분이 바로

그분이라는 것을 나는 진심으로 알았다. 내가 완전히 집중하여 이것을 명상했을 때, 우리 주님은 소리도 없이 입을 열지도 않고, 이전에 그러했듯이 매우 겸손하게 나에게 말씀들을 계시하시고, 매우 진지하게 말씀하셨다.

"그것을 잘 깨우쳐라. 네가 오늘 본 그것은 환상이 아니니 그것을 받아들여 믿고, 확고하게 붙들라. 그러면 너는 그 어떤 것에 의해서도 억압되지 않을 것이다."

이러한 마지막 말들은 내게 이 모든 것을 계시하신 분이 바로 우리의 주 예수라는 것에 대한 완전한 확신을 가르치기 위해 주신 것이다. 그분의 거룩한 수난을 언급하면서 "이것으로 마귀를 이긴다."라고 우리 주님이 내게 하신 첫 번째 말씀처럼, 그분은 이 완전한 확실성과 함께 마지막으로 "너는 억압 받지 않을 것이다."라고 말씀하셨다. 내가 이전에 말했던 것과 마찬가지로 이러한 가르침과 이런 참된 격려는 보편적으로 나의 모든 동료 그리스도인들에게 적용되는데, 그것이 하나님의 뜻이다.

그리고 닥쳐올 수 있는 모든 고난에 맞서는 확실성

과 강함을 위해서 "너는 억압되지 않을 것이다."라는 말은 매우 끈질기고 강력하게 들렸다. 그분은 "너는 괴롭힘을 당하지 않을 것이다. 너는 거세게 공격 당하지 않을 것이다, 너는 불안해지지 않을 것이다."라고 하시지 않았다. 다만 "너는 억압되지 않을 것이다."라고 하셨다. 하나님은 우리가 그의 말들에 주의를 기울이고, 행복함이나 비통함 중에 우리가 우리의 확신 가운데서 강해지기를 원하시는데, 우리를 사랑하시고 우리 안에서 즐거워하시기 때문이다. 그리하여 그분은 우리가 그분을 사랑하고, 그분 안에서 즐거워하며, 그분을 온전히 신뢰하기를 바란다. 그러할 때 모든 것은 잘될 것이다.

그 후에 곧 모든 것은 감추어졌고, 나는 더 이상 아무것도 보지 못했다.

제23장

 그 후 악마가 그의 열기와 악취를 가지고 되돌아와, 계속해서 나를 분주하게 만들었다. 냄새는 지독했고 고통스러웠으며, 물리적인 열기는 공포스러웠고 억압적이었다. 그리고 마치 대화 중인 두 사람 사이에 내가 있는 것처럼 내 귀로 잡담 소리와 말하는 소리를 들을 수 있었다. 그들은 마치 혼란에 빠진 논쟁을 하는 듯 동시에 지껄이는 것처럼 보였는데, 그 말들은 모두 저급한 투덜거림이었다. 나는 그들이 말한 내용을 이해하지 못했지만, 그 모든 것은 나를 절망으로 이끌려고 하는 것같이 보였다. 나는 계속해서 하나님을 신뢰했고, 나의 영혼을 위로하는 말들을 큰 소리로, 그렇게 거세게 공격을 당했던 다른 사람[이전의 나 자신]에게 내가 할 수 밖에 없었던 것처럼 했다. 이러한 소동은 이 땅에서의 그 어떤 것과도 비교가 될 수 없는 것같이 보였다.

나는 이전에 그 안에서 위로를 보았던 동일한 십자가에 나의 눈을 고정시켰고, 오직 나의 입술이 그리스도의 수난에 대하여 말하고, 거룩한 교회의 믿음을 반복하는 데에만 집중하도록 했다. 그리고 모든 신뢰와 내 안에 있던 힘을 가지고 나의 마음을 하나님께 고정시켰다.

그리고 나는 스스로 내밀히 생각했다.

'이제 나는 해야 할 일이 매우 많다. 만약 지금부터 나 자신을 죄에서 자유롭게 만드는 일에 최선을 다한다면, 그것은 가장 훌륭한 일이 될 것이다. 왜냐하면 내가 만약 죄에서 안전하게 된다면, 나는 지옥의 모든 악들로부터 그리고 나의 영혼의 적들로부터 매우 안전하게 될 것임을 진실로 믿기 때문이다.'

그리하여 그들은 그날 밤 내내 그리고 아침, 해가 뜬 후 약간 지나서까지 그렇게 나를 사로잡았다. 마침내 그들은 모두 오직 그들의 악취만을 남기고 한꺼번에 떠나 사라져 버렸는데, 그것은 잠시 동안 지속되었다. 나는 그것들을 멸시했고, 그리하여 그리스도의 수난의 능력으로 그들에게서 풀려 났다. 왜냐하면 그리스도가 이전에 내게 말씀하신 대로 악마로부터 승리했기 때문이다.

오, 비참한 죄여, 너는 무엇인가? 너는 아무것도 아니다. 왜냐하면 나는 모든 것 안에 하나님이 있다는 것을 보았는데, 너는 보지 못했기 때문이다. 그리고 내가 하나님이 만드신 모든 것을 보았을 때, 나는 너를 보지 못했다. 하나님이 모든 것 안에 계신 것을 내가 보았을 때, 나는 너를 보지 못했다. 하나님이, 좀더 작은 것이나 좀더 위대한 것이나 그 모든 것을 이루시는 것을 내가 보았을 때, 나는 너를 보지 못했다. 그리고 내가 우리 주님 예수 그리스도께서 우리의 영혼 안에 그렇게 영광스럽게 앉아 계신 것을 보았을 때에, 그리고 그분이 만드신 모든 것을 사랑하고 기뻐하며, 다스리고 보호하실 때, 나는 너를 보지 못했다. 그래서 나는 네가 아무것도 아닌 것이라고 확신하고 있으며, 너를 사랑하고 기뻐하고 너를 따르며 의도적으로 네 안에서 끝나는 모든 이들은 너와 함께 아무것도 아닌 것이 될 것이며, 그리고 영원히 혼란스럽게 될 것이라는 것을 또한 확신한다.

아멘, 그분에 대한 사랑으로!

그리고 나는, 하나님의 계시에 따라 배운대로 비참함이 무엇인지 말하고자 한다. 비참함이란 선하지 않은 모든 것, 즉 우리의 첫 번째 죄로 인해 우리가 떨어지게 된 영적 우매함, 영적이거나 물리적인 어려움과 고통들과 같은 그러한 비참함으로부터 오는 모든 것, 요컨대 지상이나 그 외에 있는 선하지 않은 모든 것이다.

그렇다면 이것과 관련하여 "우리는 어떤 존재인가?"라는 물음이 일어날 수 있다. 이에 대해 나는 대답한다.

"만약 선하지 않은 모든 것이 우리에게서 분리된다면, 우리는 선해질 것이다. 비참함이 우리에게서 분리될 때, 하나님과 영혼은 완전한 일치에 있게 되며, 하나님과 인간은 온전히 하나가 된다."

도대체 우리를 갈라 놓는 그 모든 것이란 무엇인가?

나는 대답한다.

"그것이 우리에게 도움이 된다는 점에서는 선하다. 그러나 그것이 멸망할 것이라는 점에서는 비참함이고, 인간이 빗나간 방법으로 자신의 마음을 그것에다 고정시킨다는 것을 생각하면 그것은 죄이다. 남자나 여자가 죄를 사랑하는 한, 만약 그런 것이[죄가] 존재한다면, 그런 사람은 모든 고통들을 넘어서는 고통 중에 있게 된다. 그러나 그가 죄를 사랑하지 않고, 오히려 증오하고 하나님을 사랑할 때, 모든 일은 순조롭게 된다. 비록 때로는 자신의 의지 안에 있는 연약함과 무지함 때문에 죄를 지음에도 불구하고, 진실로 죄를 증오하고 하나님을 사랑하는 사람은 넘어지지 않는다. 왜냐하면 그는 그 자신을 다시 일으켜 세우기 위해 최선을 다하고자 하고, 또한 그의 모든 뜻 안에서 그가 사랑하는 하나님을 바라보고자 소망하기 때문이다. 하나님은 모든 것들을 죄인이었던 모든 남자와 여자들에게 사랑받도록 만들었다. 그러나 항상 그분은 [우리를] 사랑하고 또 우리의 사랑을 소유하고자 갈망한다. 따라서 우리가 예수를 위하여 강하고 지혜로운 사랑을 지닐 때, 우리는 평화를 누린다."

내가 이전에 말했듯이 우리 주 하나님으로부터 온

모든 거룩한 가르침은, 세 가지 차원에서 보여졌다. 다시 말해, 그것은 육체적인 현시에 의해, 나의 이해 안에서 형성된 말들에 의해, 그리고 영적 현시에 의해 보여졌다. 육체적인 현시에 대하여 나는 내가 보았던 대로 내가 할 수 있는 한 진실되게 말하였다. 이해된 말들에 대하여 나는 우리 주님이 나에게 그것들을 계시하신 대로 똑같이 말하였다. 그리고 영적인 현시에 관하여 나는 그 일부분만을 말하였는데, 나는 결코 그것을 완전하게 표현할 수가 없다. 그러므로 하나님이 내게 은총을 주실 때, 비로소 나는 이 영적인 현시에 관해 더 말하게 될 것이다.

제24장

 하나님은 우리가 갖고 있는 두 종류의 병을 내게 보여 주셨는데, 그것에 대하여 우리가 치료되기를 원하신다. 하나는 참을성이 없는 것인데, 왜냐하면 우리가 우리의 노고와 고통을 침울하게 겪기 때문이다. 다른 하나는 의심스러운 두려움에서 나오는 절망인데, 나중에 다시 언급할 것이다. 우리 주님이 내게 보여 주신 바에 따르면, 우리를 가장 거세게 공격하고 힘들게 하는 바로 이 두 가지를 바로 잡는 일이 곧 그분이 가장 기뻐하시는 일이다.

 나는 하나님에 대한 사랑으로 인해 죄를 증오하고,

하나님의 뜻을 행하도록 자신을 고쳐 나가는 그런 남자와 여자들에 관해 말하고 있다. 따라서 참을성이 없는 것과 절망은 지극히 맹렬하게 우리를 유혹하는 두 가지 은밀한 죄들이다. 그러므로 그 죄들이 알려져야만 하는 것이 하나님의 뜻이며, 그때 우리는 우리가 다른 죄들을 거부한 것처럼 그 죄들도 거부하게 될 것이다.

우리 주님은 사랑으로 인해 그분이 그 참혹한 수난 가운데 품었던 그 인내와 또한 그러한 수난에서 그가 가졌던 기쁨과 위안을 매우 온화하게 보여 주셨다. 그분은 우리가 어떻게 우리의 고통들을 기쁘고 가볍게 견뎌야 하는지에 대한 본보기로 이것을 내게 보여 주셨는데, 그것은 그분을 매우 기쁘게 하는 것이며, 우리에게는 무한한 유익이 되기 때문이다. 우리가 그것들에 의해 짓눌리는 이유는 사랑에 대한 우리의 무지 때문이다.

거룩한 삼위일체의 위격들이 그들의 속성에 있어서 모두 비슷하지만, 내게 가장 많이 보여진 것은 그들의 사랑이었고, 또한 그것은 우리 모두에게 가장 밀접한 것이다. 실로 우리가 가장 잘 분별하지 못하는 것은 바로 이러한 지식에 관한 것이다. 왜냐하면 많은 남자들과 여자들이, 하나님은 전능하여 모든 것을 할 수 있다는 것, 그리고 그분이 완전한 지혜여서 모든 것을 할 수 있다는 것을 믿지만, 그러나 그분이 온전히 사랑이시기에 모든 것을 하기를 원하신다는 것을 깨닫지 못하는 것이 곧 그들이 실패하는 지점이기 때문이다.

하나님을 사랑하는 자들을 가장 방해하는 것이 이러한 무지인데, 왜냐하면 그들이 죄를 미워하며 거룩한 교회의 법에 따라 스스로를 고쳐 나가기 시작할 때, 거기에는 여전히 그들로 하여금 그들 자신과 그들이 과거에 저지른 죄들을 바라보도록 하는 두려움이 있기 때문이다. 그들은 겸손함으로 인해 이러한 두려움을 받아들이지만, 그것은 책망을 받아 마땅한 무지이고 연약함이다. 그 두려움은 적으로부터 온 것이기에 그리고 진리에 반하는 것이기에 우리가 만일 그것이 무엇인지를 안다면, 우리가 인식하는 다른 죄와 같이 즉시 그것을 무시해야 하는데, 우리는 그 두려움을 무시하는 방법을 모른다. 실로 거룩한 삼위일체의 모든 속성들 가운데 그분의 기쁨과 사랑을 우리가 최고로 신뢰하는 것이 하나님의 뜻이다.

왜냐하면 우리에게 있어서 능력과 지혜는 사랑을 통

할 때 매우 겸허하게 되기 때문이다. 자비하신 하나님이 우리가 회개하는 그 시간부터 우리의 죄를 잊어버리는 것과 같이, 그분은 우리가 우리의 죄들과 모든 우울함, 우리의 모든 의심스러운 두려움들을 잊어 버리기 원하신다.

제25장

나는 네 종류의 두려움을 보았다.

첫 번째는 공격에 대한 두려움으로 그것은 소심함을 통해 갑작스럽게 온다. 이러한 두려움은 좋은 것인데, 왜냐하면 신체적인 질병이나 죄로 가득 차지 않은 다른 고통들과 마찬가지로, 그것은 사람을 정결하게 하는 데 도움을 주기 때문이다. 실로 참을성 있게 받아들인다면, 그런 모든 고통들은 인간에게 도움이 된다.

둘째는 고통에 대한 두려움으로 인간은 그것을 통해 각성되고, 죄의 잠에서 깨어난다. 왜냐하면 죄 안에 깊이 잠들어 있는 사람은 누구나 고통과 정결의 불길에 대한 이러한 두려움을 갖게 될 때까지 성령의 온화한 능력을 받을 수 있는 그때에 적합하도록 준비되지 않기 때문이다. 이러한 두려움이 그로 하여금 하나님의 위로와 자비를 추구하게 만든다. 따라서 이러한 두려움은 마치 우연인 것처럼 그를 돕고, 그리고 그가 성령의 거룩한 가르침에 따라 참회할 수 있게 한다.

셋째는 의심으로 가득한 두려움이다. 아무리 작다 하더라도 그것이 무엇인지 인식된다면, 그것은 일종의 절망이다. 왜냐하면 하나님은 모든 의심으로 가득 찬 두려움을 미워하시며, 우리가 진실로 어떻게 살아야 하는지를 우리 스스로 깨달으면서 그 두려움을 물리치기 원하신다고 나는 확신하기 때문이다.

넷째는 경건한 경외심으로, 우리 안에 있는 두려움 가운데 하나님을 기쁘게하는 것은 오직 이러한 경외심뿐이다. 경외심은 매우 감미롭고 온화한데, 왜냐하면 우리의 사랑이 위대하기 때문이다. 그럼에도 불구하고 경건한 두려움이 사랑과 같은 것은 아니다. 그것들은 종류와 영향력에 있어서 상이하며, 그들 중 어느 것도 다른 것 없이는 획득될 수 없다.

그러므로 나는 사랑하는 사람은 또한 두려워한다고

확신한다. 비록 그 사람이 이것에 대하여 거의 느끼지 못한다 하더라도 말이다. 앞서 우리에게 제시된 두려움 중에서 경외심을 제외한 그 어떤 두려움도, 혹 그것이 거룩함으로 위장한 채 나타나더라도 그것들은 사실 참된 거룩함이 아니다. 이런 방식 안에서 경외심이 아닌 다른 모든 두려움들이 하나하나 인식되고 구별되어 질 수 있다. 사람이 이러한 경외심을 많이 가질수록, 그 사람을 더 많이 부드럽게 하고, 강하게 하고, 기쁘게 하고, 그리고 더 많은 안식을 준다.

한편, 그릇된 두려움은 그를 거세게 치고, 공격하며, 불안하게 만든다. 그러므로 이에 대한 치료는, 우리가 선한 천사의 모습으로 가장한 채 나타나는 악한 영을 인식하고 거부하는 것처럼 그 둘을 인식하고, 또한 그릇된 두려움을 거부하는 것이다. 실로 그릇된 두려움은 악한 영과 함께한다. 비록 악한 영이 그의 헛수고와 작전을 통해 선한 천사로 가장한 채 나타난다 할지라도, 그가 매력적으로 보일지라도, 그는 먼저 다가가는 사람을 거세게 공격하고 유혹하고 혼란스럽게 하여, 그 사람을 방해하고 큰 불안 가운데 처하게 한다. 악한 영이 그 사람과 더 많이 교제하면 할수록, 그 사람은 더 많이 억압되고, 평화를 점점 잃게 된다.

그러므로 우리가 두려움을 분별하는 것은 하나님의 뜻이며, 우리의 유익을 위한 것이다. 왜냐하면 하나님은 우리가 항상 우리의 사랑 안에서 강하게 되고, 그분이 우리를 향해 그러하듯이 우리가 평화를 누리고 안식을 취하게 되기를 바라기 때문이다. 또한 우리가 우리 자신과 우리의 동료 그리스도인들을 위해, 우리를 위하는 그분의 존재와 같이 되기를 소망하기 때문이다. 아멘.

노르위치의 줄리안이 쓴 책의 끝

계시 Showings

'긴 본문' Long Text

제58장

 영원한 존재로서 거룩한 삼위일체인 하나님께서 시작도 없이 영원부터 계시는 것처럼, 그분의 영원한 목적 안에서 인간의 본성을 창조하시는 것도 그렇게 하셨다. 그리고 그 온전한 본성은 먼저 그분 자신의 아들, 즉 [삼위일체의] 두 번째 위격을 위해 준비되었다. 또한 그분께서 원하셨을 때, 그분은 삼위일체의 완전한 동의로 우리 모두를 단번에 창조하셨다. 우리를 창조함에 있어서 그분은 우리를 당신 자신과 연합시키고 결합시켰다. 그리고 이러한 일치를 통해서 우리는 창조된 대로의 순수함과 고귀함을 유지하게 된다. 우리는 그와 같은 고귀한 일치를 통해서 우리의 창조주를 사랑하고, 그분 안에서 기뻐하고, 그분을 찬미하고, 그분께 감사하고, 또한 끝없이 그분 안에서 행복을 누린다. 이것이 바로 구원받을 모든 영혼 안에서 지속적으로 이루어지는 일이며, 또한 전에 언급했던 하나님의 뜻이다.

그러므로 우리를 창조함에 있어서 전능하신 하나님은 우리를 사랑하는 하나님 아버지이시며, 모든 지혜의 하나님[그리스도]은 우리를 사랑하는 어머니이시며, 그 두 위격은 사랑과 선이신 성령님과 함께 한 분이신 우리의 주 하나님이다. 그리고 이러한 연합과 일치 안에서 그분은 바로 우리의 진정한 배우자이며, 우리는 그분의 사랑 받는 아내이자 그분의 순결한 여인으로, 그분은 그런 아내에 대해 결코 노하신 적이 없다. 왜냐하면 그분이 "나는 너를 사랑하고, 너는 나를 사랑한다. 우리의 사랑은 결코 둘로 나뉘어지지 않을 것이다"라고 말씀하셨기 때문이다.

나는 거룩한 삼위일체의 모든 사역을 묵상하였는데, 그 묵상 가운데서 나는 다음과 같은 세 가지 속성을 보고 이해했다. 즉 아버지 되심의 속성, 어머니 되심의

계시 • 135

속성, 그리고 한 분 하나님 안에 있는 주 되심의 속성이다.

전능하신 아버지 안에서 우리는 우리 본성의 본질에 있어서 보호되고 지극한 복을 누리게 되는데, 우리의 본성은 [하나님이] 우리를 창조하심으로써 시작도 없이 우리의 것이다. 두 번째 위격 안에서 우리는 우리의 물질성에 있어서 그 지식과 지혜를 통해 우리의 완전성, 회복, 그리고 우리의 구원을 얻게 되는데, 그분은 우리의 어머니, 형제, 그리고 구원자이기 때문이다. 우리의 선한 주님이신 성령 안에서 우리는 우리의 삶과 노동에 대한 보상과 선물을 받는데, 이는 그분의 풍성한 은총으로부터, 또한 그분의 놀라운 자애로움 안에서 우리가 갈망하는 모든 것을 무한히 뛰어넘어 주어진다.

실로 우리의 모든 삶은 세 가지로 구성된다. 첫 번째 위격 안에서 우리는 우리의 존재를 가지며, 두 번째 위격 안에서 우리는 우리의 증진을, 그리고 세 번째 위격 안에서 우리는 우리의 완성을 얻는다. 첫 번째는 [창조적] 자연이며, 두 번째는 자비, 세 번째는 은총이다.

첫 번째에 관하여 나는 삼위일체 가운데 높은 권세

는 우리의 하나님 아버지라는 것을, 삼위일체 가운데 깊은 지혜는 우리의 하나님 어머니, 그리고 위대한 사랑은 우리의 주님(our Lord)이라는 것을 보고 이해하게 되었다. 우리는 이 모든 것을 자연 안에, 그리고 우리 본질의 창조 안에 가지고 있다.

나아가서 나는 우리의 어머니이며, 본질적으로 사랑받는 인간과 동일하신 두번째 위격이 이제 물리적으로도 우리의 어머니가 됨을 보았는데, 왜냐하면 우리는 하나님에 의해 이중으로 창조되었기 때문이다. 다시 말해 우리는 본체적인 것과 함께 물질성을 지니고 있는 존재이다. 우리의 본체, 즉 본질substance은 우리의 더 높은 영역으로, 우리는 전능하신 하나님이신 우리 아버지 안에서 우리의 본질을 소유한다. 삼위일체의 두 번째 위격은 자연 안에서, 그리고 우리 본질의 창조 안에서 우리의 어머니인데, 우리는 그분 안에 근거를 두고 있고, 뿌리를 내리고 있으며, 그분이 우리의 물질성sensuality을 입을 때에 우리의 자비로운 어머니이시다.

그리하여 우리의 어머니는 우리 안에서 다양한 방법으로 일하고 계시는데, 그분 안에서 우리의 본질과 물질성은 나뉘어지지 않고 유지된다. 왜냐하면 우리의 어머니인 그리스도 안에서 우리는 덕을 입고 증진되며, 그 자비 안에서 그분은 우리를 개선하고 회복시키시며, 그분의 수난, 죽음, 그리고 부활의 능력으로 우리를 우리의 본질과 결합시킨다. 그래서 우리의 어머니는 그의 사랑하는 자녀들, 즉 유순하게 순종하는 자녀들을 위해 자비와 더불어 안에서 일하시며, 또한 은총이 자비와 더불어 일하신다. 특히 앞서 본 대로 자비와 더불어 일하는 은총의 사역은 세 번째 위격이신 성령에 속한다. 성령 하나님은 상을 주고 베풀면서 일하신다. 보상은 우리의 신뢰에 대한 선물로서, 주님인 성령이 애써 수고한 이들에게 주신다. 베푸심은 그분이 자유로이, 은총에 따라, 피조물들에게 합당한 모든 것을 성취하거나 또한 그것을 뛰어넘어 이루시는 자애로운 행위이다.

그러므로 우리는 전능하신 하나님 아버지 안에서 우리의 존재를 갖고, 우리의 자비로우신 어머니 안에서 우리의 개선과 회복을 얻는데, 그분 안에서 우리 [모든] 영역들이 통합되어 온전한 인간이 된다. 그리고 우리는 성령의 은사로서의 보상과 선물을 통해 완성된다. 결국 우리의 본질은 전능하신 하나님, 우리의 아버지 안에 있고, 우리의 본질은 모든 지혜이신 하나님, 우리의 어머니 안에 있으며, 또한 우리의 본질은 모든 선이신 성령, 즉 우리의 주 하나님 안에 있다. 왜냐하면 우리의 본질은 한 하나님이신 삼위일체의 각 위격 안에서 완전하기 때문이다.

한편으로 우리의 물질성은 오로지 두 번째 위격이신 그리스도 예수 안에만 있는데, 그분 안에는 아버지 하나님과 성령 하나님이 계신다. 우리는 그리스도 예수 안에서 그리고 그분으로 인해 지옥으로부터, 또한 지상의 모든 비참함으로부터 강력하게 끌어내어지고, 그리스도의 모든 능력에 의해, 그리고 성령의 은총과 사역에 의해 부요함과 고귀함이 증진된 채 영광스럽게 천상으로 들려져 거룩하게 우리의 본질에로 결합된다.

제59장

 우리는 자비와 은총에 의해 이 모든 지극한 복을 얻으며, 만약 하나님 안에 있는 선의 속성들, 즉 그것들을 통해서 우리가 이 지복을 얻는 선의 속성들이 방해를 받아 오지 않았다면 우리는 결코 이런 종류의 지복을 누리거나 알지 못했을 것이다. 실로 악함은 그 선함에 맞서서 일어났다. 그리고 자비와 은총의 선은 그 악에 대항했고, 그리하여 구원받을 모든 이들을 위해 모든 것을 선과 영광으로 바꾸었다. 왜냐하면 선을 악과 대비시킨 것은 바로 하나님 안에 있는 속성이기 때문이다. 따라서 예수 그리스도는 선을 악과 대비시킨 분으로서 우리의 참된 어머니이시다. 우리는 그분에 근거하여 우리의 존재를 지니고 있으며, 끊임없이 계속되는 모든 사랑의 감미로운 보호와 함께 그분 안에서 어머니 됨의 토대가 시작된다.

하나님이 진정으로 우리의 아버지이심과 같이, 또한 하나님은 진정으로 우리의 어머니신데, 그분은 모든 것 안에서 특별히 다음과 같은 그분의 감미로운 말로 그것을 드러내셨다.

"내가 바로 그이다. 다시 말해 내가 바로 아버지 됨의 능력과 선이다. 내가 바로 어머니 됨의 지혜와 다정함이다. 내가 바로 모든 거룩한 사랑인 빛과 은총이다. 내가 바로 삼위일체인 그이다. 내가 바로 하나인 그이다. 내가 바로 모든 종류의 최상의 선이다. 내가 바로 사랑하기 위해 너를 빚은 이다. 내가 바로 간절히 원하기 위해 너를 창조한 그이다. 내가 바로 모든 참된 갈망들의 무한한 성취인 그이다. 그 안에서 영혼은 가장 높고 고귀하며 가장 영광스러우며, 그럼에도 지극히 겸손하고 온유하며 부드럽다."

우리는 본질 안에 있는 이 토대로부터 우리의 물질성의 모든 능력들을 자연의 선물로, 그리고 자비와 은총의 도움과 촉진으로 인해 갖게 되는데, 그 모든 것들 없이는 우리가 덕을 입을 수 없다. 우리의 전능하신 하나님 아버지, 즉 존재 자체이신 분은 시간이 시작되기 전부터 우리를 아시고 우리를 사랑하셨다. 이러한 지식으로부터, 그분의 가장 위대하고 깊은 사랑 안에서, 거룩한 삼위일체의 시간을 망라해 모든 것을 미리 아는 분별에 의해, 그분은 두 번째 위격이 우리의 어머니, 우리의 형제, 우리의 구원자가 되기를 원하셨다.

이로부터 하나님께서 진정으로 우리의 아버지 되심과 같이 그 하나님께서 당연히 우리의 참된 어머니가 되신다. 우리의 하나님 아버지는 뜻을 세우시고, 하나님 어머니는 일하시며, 우리의 좋으신 주님인 성령은 확증하신다.

따라서, 우리를 창조하심에 감사와 찬미를 올리면서, 또한 우리의 어머니께 자비와 연민을, 그리고 주님이신 성령님께 도움과 은총을 간구하면서 하나님을 우리가 사랑하는 것은 우리의 몫이다. [창조된] 자연, 자비, 은총, 이 세 가지 안에 실로 우리의 모든 삶이 있다. 이들로 인해 우리는 온화함, 인내, 연민을 지니게 되고, 또한 죄와 사악함에 대한 증오를 느끼게 된다.

왜냐하면 그 덕성들은 그 자체로 죄와 사악함을 미워할 수밖에 없기 때문이다.

따라서 [하나님께서] 처음 인간을 창조하심으로 예수는 자연 안에서 우리의 참된 어머니가 되시고, 또한 그가 우리의 창조된 본성을 취함으로 은총 안에서도 우리의 참된 어머니가 되신다. 칭송을 받는 모성의 모든 뛰어난 일들과 아름다운 직무들은 이 두 번째 위격에게 적합한데, 자연과 은총 모두에서 고유한 그분 자신의 선으로부터 영원토록 온전하고 안전한 이 신성한 하나님의 뜻을 그분 안에서 얻게 되기 때문이다.

나는 하나님 안에서 어머니 되심을 명상하는 세 가지 방법을 안다. 첫째는 우리 인간 본성의 창조에 있어서 기초가 되심이다. 둘째는 그분이 우리 인간 본성을 취하심이니, 바로 여기에서 은총의 어머니 되심이 시작된다. 셋째는 일하시는 어머니 되심이다. 모든 것은 그 안에서 한결같은 은총으로 인해, 길이와, 폭과, 높이와, 깊이에 있어서 끝없이 관통해 보여진다. 그 모든 것은 하나의 사랑이다.

제60장

 나는 이제 내가 우리 주님이 다음과 같은 의미를 지니신다고 이해하기 때문에 이 '관통해 보여진다'는 것에 관해 조금 더 말해야만 한다.

 "어떻게 우리가 자비와 은총의 모성에 의해서 우리의 본래적 자리, 다시말해 결코 우리를 떠나지 않는 어머니의 사랑에 의해 어떻게 우리가 창조된 그 자리로 되돌려지게 되는가."

 모든 것들 안에서 우리의 어머니가 되기를 원하셨기에 창조된 자연 안에서도 우리 하나님 어머니요 은총 안에서도 우리 하나님 어머니이신 그분은 당신 사역의 토대를 한 처녀의 태 내에서 가장 낮고, 가장 순하게 만드셨다. 그분은 그것을 첫 번째 계시를 통해, 즉 그분을 잉타했을 당시의 순결한 성정을 가진 온유한 처녀를 내 이해의 눈 앞에 보여 주셨을 때 알게 하셨다. 다시 말해서 우리의 위대하신 하나님, 그 모든 것에 있어서 최고의 지혜이신 하나님께서는 모든 것 안에서 어머니 됨의 베풂과 직무를 다하기 위해 당신 자신을 그토록 누추한 곳, 즉 우리의 비천한 육체 안에 두시고 준비하셨다는 것이다.

어머니의 베풂은 가장 친밀하고 재빠르며, 또한 가장 틀림없는 것이다. 그것은 가장 자연스럽기 때문에 그토록 친밀하고, 가장 애정이 깊기에 그토록 재빠르며, 가장 참되기에 그토록 틀림없는 것이다. 오직 그분을 제외하고는 그 누구도 이러한 직무를 온전히 행한 적이 없고, 또 행할 수가 없다. 우리는 우리의 모든 어머니들이 우리를 낳되, 그 탄생이 고통과 죽음을 향한다는 것을 알고 있다. 아, 이는 왜인가?

그러나 우리의 참된 어머니 예수, 오직 그분은 우리를 기쁨과 또한 영원한 생명으로 낳으시니, 그분은 복되시도다. 그분은 사랑의 산고 속에서 때가 이르기까지, 그토록 예리한 가시관과 참혹한 고통을 겪기를 스스로 원하시고 결국 죽음에 이를 때까지 우리를 잉태하고 계신다. 마침내 그분이 모든 것을 성취하시고, 그 지극한 복락으로 우리를 낳았지만 그 모든 것은 여전히 그분의 놀라운 사랑을 충족시킬 수가 없었다. 그분은 이 점을 다음과 같은 탁월한 사랑의 말을 통해 드러내셨다.

"만약 내가 더 고통받을 수 있었다면, 나는 그렇게 했을 것이다."

그분은 더 이상 죽을 수 없지만, 그분은 일하시기를 멈추지 않기 원하신다. 그래서 그분은 우리를 양육하지 않을 수가 없는 것이다. 왜냐하면 모성의 그 귀한 사랑이 그분을 우리의 채무자로 만들기 때문이다.

어머니들은 자녀들에게 젖을 먹일 수 있다. 그러나 우리의 고귀한 어머니 예수는 우리에게 당신 자신을 먹이시는데, 참 생명의 귀중한 음식인 성체로써 가장 친근하고 가장 부드럽게 먹이신다. 그리고 모든 감미로운 성사들을 통해 그토록 자비롭고 은혜롭게 우리를 양육하신다. 그분은 다음과 같은 거룩한 말들을 통해 그런 것을 나타내셨다.

"나는 거룩한 교회가 너에게 설교하고 가르치는 그이다. 다시 말해서 내가 바로 그이니, 성사들로부터 나오는 모든 활력과 생명, 내 말의 모든 능력과 은총, 거룩한 교회 안에서 너희를 위하여 제정되는 그 모든 선이 바로 나다."

어머니들은 자녀들을 그 가슴에 부드럽게 안는다. 그러나 우리의 자애로운 어머니 예수는 그분의 자애롭게 열려진 옆구리를 통해 우리를 반드시 그분의 거룩한 가슴으로 인도하신다. 그리고 거기서 우리에게 끝없는 지복의 내적인 확신과 함께 신성의 일부를 그리고 천상적 환희의 일부를 보여 주신다. 그분께서는 열 번째 계시 안에서 다음과 같은 감미로운 말들을 통해 똑같이 이해되는 것을 보여 주셨다.

"보아라, 내가 너를 얼마나 사랑하는지를! 기뻐하면서 그 거룩한 옆구리를 들여다보아라."

이 진실로 아름다운 '어머니'라는 말은 그 자체로 너무나 감미롭고 다정해서 생명과 모든 것의 참된 어머니인 그분에 대해서 또는 그분에게 말해지는 것을 제외하고는 그 어떤 누구에 대해서도 또는 그 누구에게도 진정으로 불릴 수 없다. 자연, 사랑, 지혜, 그리고 지식은 모성의 특성에 속한다고 할 수 있는데, 바로 이것이 하나님이다. 우리의 영적 탄생과 비교할 때 우리의 육체적 탄생이 비록 작고 비천하고 단순함에도, 여전히 그분에 의해 창조된 피조물 안에서 우리의 육체적 탄생을 이루시는 분은 바로 그분이다.

모성의 본성과 직분이 그러하듯 그 자녀의 필요를 알고 느끼는 다정한 어머니는 매우 섬세하게 자녀를 보호한다. 어머니는 항상 자녀가 나이가 들어 가고 키가 자라 감에 따라 다르게 행동하되, 그녀의 사랑은 변하지 않는다. 자녀가 나이가 들었을 때도 어머니는 자녀의 잘못을 벌하여 자녀에게 그릇됨이 없게 한다. 자녀가 덕과 은총을 받게 하기 위해서 우리 주님이 아름답고 선한 모든 것과 더불어 그가 창조한 사람들 안에서 행하시는 일이 바로 이러한 일이다.

그러므로 그분은 더 높은 영역의 사랑 때문에 은총의 일하심에 의해 좀더 낮은 영역 안의 창조된 자연 속에서 우리의 어머니이시다. 그분은 우리가 이를 알기 원하신다. 왜냐하면 그분에게 밀착된 우리의 모든 사랑을 얻기 원하시기 때문이다. 이 안에서 나는 우리 하나님의 명령에 의해 부성과 모성으로 우리에게 주어지는 모든 은혜는 진실로 다정한 하나님 안에서, 즉 우리 안에서 일하시는 거룩한 사랑의 그리스도 안에서 완성된다는 것을 보았다. 바로 이것이 모든 것 안에서, 특히 다음과 같은 놀랍도록 자애로운 그분의 말 안에서 계시되었다.

"내가 바로 네가 사랑하는 그이다."

참고 문헌

1차 문헌

A-MS (Amherst Manuscript), MS British Museum Additional 37790.

Julian of Norwich, *Showings*, trans. by Edmund Colledge and James Walsh, New York: Paulist Press, 1978.

──────, *A Shewing of God's Love: The Shorter Version of Sixteen Revelations of Divine Love by Julian of Norwich*, ed. by Sister Anna Maria Reynolds, London: Longmans, Green, 1958.

2차 문헌

Jantzen, Grace M., *Julian of Norwich: Mystic and Theologian*, New York: Paulist Press, 2000.

Llewelyn, Robert, *All Shall be Well: The Spirituality of Julian of Norwich for Today*, New York: Paulist Press, 1982.

McAvoy, Liz Herbert, ed., *A Companion to Julian of Norwich*, Cambridge, UK: D.S. Brewer, an imprint of Boydell and Brewer, 2008.

Nuth, Joan M., *Wisdom's Daughter: The Theology of Julian of Norwich*, New York: Crossroad, 1991.

Palliser, Margaret Ann, *Christ, Our Mother of Mercy: Divine Mercy and Compassion in the Theology of the Shewings of Julian of Norwich*, New York: Walter de Gruyter, 1992.

Pelphrey, Brant, *Christ Our Mother: Julian of Norwich*, Wilmington, Del: M. Glazier, 1989.

Ruether, Rosemary Radford, *Visionary Women: Three Medieval Mystics*, Minneapolis, MN: Fortress Press, 2002.

Upjohn, Sheila, *In Search of Julian of Norwich*, London: Darton, Longman and Todd, 1989.

번역

김재현

서울대 및 동 대학원, 총신신학대학원, 하버드대학과 프린스턴신학대학(철학박사)에서 중세기독교와 영성에 대해 연구하였다. 호남신학대학교와 두레장학재단, 한중장학재단, 분당중앙교회 인재양성원, 스코필드장학문화사업단에서 가르치고 섬겼다. 현재 한국고등신학연구원(KIATS) 원장으로 한국기독교의 집현전과 대동여지도를 꿈꾸며 한국기독교를 세계에 알리기 위해 애쓰고 있다.

전경미

연세대학교 국어국문학과를 졸업하고 미국 GTU(Graduate Theological Union)에서 영성신학(석사)을 공부했다. 이후 캐나다 토론토대학 내 세인트마이클대학에서 초기교회사를 주제로 박사학위를 취득했다.